Y-5517.
Y.

Réserve

Le Don Juan est complètement cartonné
Voici les f^{ts} remplacés.   137-38 réimpr.
pages 133-34. réimpr. (Loup-garou)
— 139-40. Suppressions (mystère Jour)
— 141-45. réimprimées.
— 146.   différences.
Toute la feuille P est réimprimée
avec suppressions & différences. —
Scène de Sgan. et D. Juan. —
Scène du Pauvre.
pa. 203-4 et 207-8 réimprimées.
    Feuille S réimprimée. Grandes
différences. Scènes de D. Juan
& Sganarelle.
p. 217-18 réimprimées.

Il y a des feuillets changés
pour corrections d'imprimerie.

Yf 3161

LE PRINCE JALOUX

LES ŒUVRES POSTHUMES DE MONSIEUR DE MOLIERE.

TOME VII.

Imprimées pour la premiere fois en 1682.
Enrichies de Figures en Taille-douce.

A PARIS.

Chez
{
DENYS THIERRY, ruë saint Jacques, à l'enseigne de la Ville de Paris.
CLAUDE BARBIN, au Palais, sur le second Perron de la Sainte Chapelle.
ET
PIERRE TRABOUILLET, au Palais, dans la Gallerie des Prisonniers, à l'image S. Hubert, & à la Fortune, proche le Greffe des Eaux & Forests.
}

M. DC. LXXXII.
AVEC PRIVILEGE DU ROY.

PIECES
CONTENUES
en ce septiéme Volume.

D. GARCIE, ou LE PRINCE JALOUX.

L'IMPROMPTU DE VERSAILLES.

LE D. JUAN, ou LE FESTIN DE PIERRE.

MELICERTE PASTORALLE, Fragment de deux Actes.

DOM GARCIE
DE NAVARRE
OU
LE PRINCE JALOUX,
COMEDIE.
PAR J. B. P. MOLIERE.

Representée pour la premiere fois, le quatriéme Février 1661. sur le Theastre de la Salle du Palais Royal.

Par la Trouppe de MONSIEUR, Frere unique du Roy.

PERSONNAGES.

DOM GARCIE, Prince de Navarre, Amant d'Eluire.

ELUIRE, Princesse de Leon.

ELISE, Confidente d'Eluire.

DOM ALPHONCE, Prince de Leon, crû Prince de Castille, sous le nom de Dom Sylve.

IGNES, Comtesse, Amante de Dom Sylve, aimée par Mauregat, Usurpateur de l'Estat de Leon.

D. ALVAR, Confident de D. Garcie, Amant d'Elise.

D. LOPES, autre Confident de D. Garcie, Amant rebuté d'Elise.

D. PEDRE, Escuyer d'Ignes.

La Scene est dans Astorgue, Ville d'Espagne, dans le Royaume de Leon.

DOM GARCIE
DE NAVARRE,
OU
LE PRINCE JALOUX,
COMEDIE.

ACTE PREMIER.
SCENE PREMIERE.
D. ELUIRE, ELISE.
D. ELUIRE.

ON, ce n'est point un choix, qui
pour ces deux Amans,
Sceut regler de mon cœur les se-
crets sentimens ;
Et le Prince n'a point dans tout ce
qu'il peut estre,
Ce qui fit preferer l'amour qu'il fait paroistre.
D. Sylve comme luy fit briller à mes yeux
Toutes les qualitez d'un Heros glorieux ;

A iiij

Mesme éclat de vertus, joint à mesme naissance,
Me parloit en tous deux pour cette préférence;
Et je serois encor à nommer le vainqueur,
Si le merite seul prenoit droit sur un cœur.
Mais ces chaisnes du Ciel, qui tombent sur nos ames,
Deciderent en moy le destin de leurs flâmes;
Et toute mon estime égale entre les deux,
Laissa vers D. Garcie entraisner tous mes vœux.

ELISE.

Cet amour que pour luy vostre astre vous inspire,
N'a sur vos actions pris que bien peu d'empire;
Puisque nos yeux, Madame, ont pû long-temps douter
Qui de ces deux Amans vous vouliez mieux traiter.

D. ELUIRE.

De ces nobles Rivaux l'amoureuse poursuite,
A de fâcheux combats, Elise, m'a reduite.
Quand je regardois l'un, rien ne me reprochoit
Le tendre mouvement où mon ame panchoit;
Mais je me l'imputois à beaucoup d'injustice,
Quand de l'autre à mes yeux s'offroit le sacrifice.
Et Dom Sylve, aprés tout, dans ses soins amoureux
Me sembloit meriter un destin plus heureux.
Je m'opposois encor, ce qu'au sang de Castille,
Du feu Roy de Leon, semble devoir la Fille;
Et la longue amitié, qui d'un estroit lien
Joignit les interests, de son Pere & du mien.
Ainsi plus dans mon ame un autre prenoit place,
Plus de tous ses respects je plaignois la disgrace;
Ma pitié complaisante à ses brûlans soûpirs,
D'un dehors favorable amusoit ses desirs;
Et vouloit reparer par ce foible avantage,
Ce qu'au fond de mon cœur je luy faisois d'outrage.

COMEDIE.
ELISE.
Mais son premier amour que vous avez apris,
Doit de cette contrainte affranchir vos esprits.
Et puis qu'avant ses soins, où pour vous il s'engage,
Done Ignes de son cœur avoit receu l'hommage;
Et que par des liens aussi fermes que doux
L'amitié vous unit cette Comtesse & vous.
Son secret revelé vous est une matiere
A donner à vos vœux liberté toute entiere;
Et vous pouvez sans crainte à cet Amant confus
D'un devoir d'amitié couvrir tous vos refus.

D. ELUIRE.
Il est vray que j'ay lieu de cherir la nouvelle,
Qui m'apprit que D. Sylve estoit un infidelle;
Puisque par ses ardeurs mon cœur tyrannisé
Contre elles à present se voit authorisé.
Qu'il en peut justement combatre les hommages,
Et sans scrupule ailleurs donner tous ses suffrages.
Mais enfin quelle joye en peut prendre ce cœur,
Si d'une autre contrainte il souffre la rigueur?
Si d'un Prince jaloux l'éternelle foiblesse,
Reçoit indignement les soins de ma tendresse;
Et semble preparer dans mon juste couroux
Un éclat à briser tout commerce entre nous?

ELISE.
Mais si de vostre bouche il n'a point sceu sa gloire,
Est-ce un crime pour luy que de n'oser la croire?
Et ce qui d'un rival a pû flatter les feux,
L'authorise-t-il pas à douter de vos vœux?

D. ELUIRE.
Non, non, de cette sombre, & lâche jalousie
Rien ne peut excuser l'étrange frenesie;
Et par mes actions je l'ay trop informé,
Qu'il peut bien se flatter du bon-heur d'estre aymé.

Sans employer la langue, il est des interpretes,
Qui parlent clairement des atteintes secretes.
Un soûpir, un regard, une simple rougeur,
Un silence est assez pour expliquer un cœur.
Tout parle dans l'amour, & sur cette matiere
Le moindre jour doit estre une grande lumiere;
Puisque chez nostre Sexe, où l'honneur est puissant,
On ne montre jamais tout ce que l'on ressent.
J'ay voulu, je l'avouë ajuster ma conduite,
Et voir d'un œil égal, l'un & l'autre merite:
Mais que contre ses vœux on combat vainement,
Et que la difference est connuë aisément,
De toutes ces faveurs qu'on fait avec étude
A celles où du cœur fait pancher l'habitude.
Dans les unes toûjours, on paroist se forcer;
Mais les autres, helas! se font sans y penser,
Semblables à ces eaux, si pures & si belles,
Qui coulent sans effort des sources naturelles.
Ma pitié pour D. Sylve, avoit beau l'émouvoir,
J'en trahissois les soins, sans m'en appercevoir.
Et mes regards au Prince, en un pareil martyre,
En disoient toûjours plus, que je n'en voulois dire.

ELISE.
Enfin, si les soûpçons de cet illustre Amant,
Puisque vous le voulez n'ont point de fondement,
Pour le moins font-ils foy d'une ame bien atteinte,
Et d'autres cheriroient ce qui fait vostre plainte.
De jaloux mouvemens doivent estre odieux,
S'ils partent d'un amour qui déplaise à nos yeux.
Mais tout ce qu'un Amant nous peut montrer d'allarmes,
Doit lors que nous l'aymons, avoir pour nous des charmes;
C'est par-là que son feu se peut mieux exprimer,
Et plus il est jaloux, plus nous devons l'aymer;

Ainsi puisqu'en vostre ame un Prince magna-
 nime...
D. ELUIRE.
Ah ! ne m'avancez point cette étrange maxime
Par tout la jalousie est un monstre odieux,
Rien n'en peut adoucir les traits injurieux ;
Et plus l'amour est cher, qui luy donne naissance
Plus on doit ressentir les coups de cette offence.
Voir un Prince emporté, qui perd à tous momens
Le respect que l'amour inspire aux vrais Amans :
Qui dans les soins jaloux, où son ame se noye,
Querelle également mon chagrin, & ma joye ;
Et dans tous mes regards ne peut rien remarquer,
Qu'en faveur d'un Rival il ne veüille expliquer.
Non, non, par ces soûpçons je suis trop offencée,
Et sans déguisement je te dis m'a pensée.
Le Prince D. Garcie est cher à mes desirs,
Il peut d'un cœur illustre échaufer les soûpirs :
Au milieu de Leon, on a veu son courage
Me donner de sa flâme un noble témoignage,
Braver en ma faveur des perils les plus grands,
M'enlever aux desseins de nos lâches tyrans.
Et dans ces murs forcez mettre ma destinée,
A couvert des horreurs d'un indigne hymenée ;
Et je ne cele point que j'aurois de l'ennuy,
Que la gloire en fust deuë à quelqu'autre qu'à
 luy ;
Car un cœur amoureux prend un plaisir extrême,
A se voir redevable, Elise, à ce qu'il ayme ;
Et sa flâme timide ose mieux éclater,
Lors qu'en favorisant, elle croist s'acquiter.
Oüy, j'ayme qu'un secours qui hasarde sa teste
Semble à sa passion donner droict de conqueste.
J'ayme que mon peril m'ait jettée en ses mains,
Et si les bruits communs ne sont pas des bruits
 vains ;

Si la bonté du Ciel nous rameine mon Frere,
Les vœux les plus ardens, que mon cœur puisse faire ;
C'est que son bras encor, sur un perfide sang
Puisse ayder à ce Frere, à reprendre son rang.
Et par d'heureux succez d'une haute vaillance
Meriter tous les soins de sa reconnoissance :
Mais avec tout cela, s'il pousse mon courroux,
S'il ne purge ses feux de leurs transports jaloux,
Et ne les range aux loix, que je luy veux prescrire,
C'est inutilement qu'il pretend Done Eluire.
L'hymen ne peut nous joindre, & j'abhorre des nœuds, [deux.
Qui deviendroient sans doute un Enfer pour tous

ELISE.

Bien que l'on pust avoir des sentimens tout autres,
C'est au Prince, Madame, à se regler aux vostres,
Et dans vostre billet ils sont si bien marquez,
Que quand il les verra de la sorte expliquez....

D. ELUIRE.

Je n'y veux point, Elise, employer cette lettre,
C'est un soin qu'à ma bouche, il me vaut mieux commettre.
La faveur d'un écrit laissé aux mains d'un Amant
Des témoins trop constans de nostre attachement:
Ainsi donc empeschez, qu'au Prince on ne la livre.

ELISE.

Toutes vos volontez sont des loix qu'on doit suivre.
J'admire cependant que le Ciel ait jetté
Dans le goust des esprits tant de diversité,
Et que ce que les uns regardent comme outrage,
Soit veu par d'autres yeux sous un autre visage.
Pour moy je trouverois mon sort tout-à-fait doux,
Si j'avois un Amant qui pust estre jaloux;

COMEDIE.

Je sçaurois m'applaudir de son inquietude;
Et ce qui pour mon ame est souvent un peu rude,
C'est de voir D. Alvar ne prendre aucun soucy.
D. ELUIRE.
Nous ne le croyions pas si proche; le voicy.

SCENE II.

D. ELUIRE, D. ALVAR, ELISE.

D. ELUIRE.

Vostre retour surprend, qu'avez-vous à m'apprendre?
Dom Alphonse vient-il, a-t-on lieu de l'attendre?
D. ALVAR.
Oüy, Madame, & ce Frere en Castille élevé
De rentrer dans ses droits voit le temps arrivé.
Jusqu'icy D. Loüis qui vit à sa prudence
Par le feu Roy mourant, commettre son enfance,
A caché ses destins aux yeux de tout l'Estat,
Pour l'oster aux fureurs du traistre Mauregat.
Et bien que le Tyran, depuis sa lâche audace,
L'ait souvent demandé pour luy rendre sa place;
Jamais son zele ardent n'a pris de seureté,
A l'appas dangereux de sa fausse équité.
Mais les peuples émeus par cette violence
Que vous a voulu faire une injuste puissance,
Ce genereux Vieillard a creu qu'il estoit temps
D'éprouver le succés d'un espoir de vingt ans.
Il a tenté Leon, & ses fidelles trames,
Des grands, comme du peuple ont pratiqué les

Tandis que la Castille armoit dix mille bras,
Pour redonner ce Prince aux vœux de ses Estats ;
Il fait auparavant semer sa renommée,
Et ne veut le monstrer qu'en teste d'une armée.
Que tout prest à lancer le foudre punisseur,
Sous qui doit succomber un lâche ravisseur.
On investit Leon, & Dom Sylve en personne
Commande le secours que son Pere vous donne.

D. ELUIRE.

Un secours si puissant doit flater nostre espoir ;
Mais je crains que mon Frere y puisse trop devoir.

D. ALVAR.

Mais, Madame, admirez que malgré la tempeste
Que vostre usurpateur oit gronder sur sa teste,
Tous les bruits de Leon annoncent pour certain,
Qu'à la Comtesse Ignes il va donner la main.

D. ELUIRE.

Il cherche dans l'Hymen de cette illustre Fille
L'appuy du grand credit, où se voit sa famille ;
Je ne reçois rien d'elle, & j'en suis en soucy,
Mais son cœur au Tyran fut toûjours endurcy.

ELISE.

De trop puissants motifs, d'honneur & de tendresse,
Opposent ses refus aux nœuds dont on la presse,
Pour....

D. ALVAR.
Le Prince entre icy.

SCENE III.

D. GARCIE, D. ELUIRE,
D. ALVAR, ELISE.

D. GARCIE.

JE viens m'interesser,
Madame, au doux espoir, qu'il vous vient d'annoncer.
Ce Frere qui menace un Tyran plein de crimes,
Flatte de mon amour les transports legitimes.
Son sort offre à mon bras des perils glorieux,
Dont je puis faire hommage à l'éclat de vos yeux,
Et par eux m'acquerir, si le Ciel m'est propice,
La gloire d'un revers, que vous doit sa justice ;
Qui va faire à vos pieds cheoir l'infidelité,
Et rendre à vostre sang toute sa dignité.
Mais ce qui plus me plaist, d'une atteinte si chere,
C'est que pour estre Roy, le Ciel vous rend ce Frere ;
Et qu'ainsi mon amour peut éclater au moins
Sans qu'à d'autres motifs on impute ses soins ;
Et qu'il soit soupçonné, que dans vostre personne
Il cherche à me gagner les droits d'une Couronne.
Oüy, tout mon cœur voudroit montrer aux yeux de tous,
Qu'il ne regarde en vous autre chose que vous ;
Et cent fois, si je puis le dire sans offence,
Ses vœux se sont armez contre vostre naissance,
Leur chaleur indiscrete a d'un destin plus bas
Souhaité le partage à vos divins appas,
Afin que de ce Cœur, le noble sacrifice
Pust du Ciel envers vous reparer l'injustice ;

Et vostre sort tenir des mains de mon amour,
Tout ce qu'il doit au sang, dont vous tenez le jour.
Mais puis qu'enfin les Cieux, de tout ce juste hommage,
A mes feux prévenus dérobent l'avantage.
Trouvez bon que ces feux, prênent un peu d'espoir
Sur la mort que mon bras s'appreste à faire voir ;
Et qu'ils osent briguer par d'illustres services,
D'un Frere & d'un Estat les suffrages propices.

D. ELUIRE.

Je sçay que vous pouvez, Prince, en vangeant nos droits
Faire par vostre amour parler cent beaux exploits,
Mais ce n'est pas assez pour le prix qu'il espere
Que l'aveu d'un Estat, & la faveur d'un Frere.
D. Eluire n'est pas au bout de cet effort,
Et je vous vois à vaincre un obstacle plus fort.

D. GARCIE.

Oüy, Madame, j'entens ce que vous voulez dire;
Je sçay bien que pour vous mon cœur en vain soûpire ;
Et l'obstacle puissant, qui s'oppose à mes feux,
Sans que vous le nommiez, n'est pas secret pour eux.

D. ELUIRE.

Souvent on entend mal, ce qu'on croit bien entendre,
Et par trop de chaleur, Prince, on se peut méprendre.
Mais puis qu'il faut parler, desirez vous sçavoir,
Quand vous pourrez me plaire, & prendre quelque espoir ?

D. GARCIE.

Ce me sera, Madame, une faveur extrême.

D. ELUIRE.

Quand vous sçaurez m'aymer, comme il faut que l'on ayme.

D. GARCIE.

COMEDIE.

D. GARCIE.
Et que peut-on, helas! obferver fous les Cieux
Qui ne cede à l'ardeur, que m'infpirent vos yeux?
D. ELUIRE.
Quand voftre paffion ne fera rien paroiftre,
Dont je puiffe indigner celle qui l'a fait naiftre.
D. GARCIE.
C'eft-là fon plus grand foin.
D. ELUIRE.
    Quand tous fes mouvemens
Ne prédront point de moy de trop bas fentimens.
D. GARCIE.
Ils vous reverent trop.
D. ELUIRE.
    Quand d'un injufte ombrage
Voftre raifon fçaura me reparer l'outrage;
Et que vous bannirez, enfin, ce monftre affreux,
Qui de fon noir venin empoifonne vos feux.
Cette jaloufe humeur, dont l'importun caprice,
Aux vœux, que vous m'offrez, rend un mauvais office,
S'oppofe à leur attente, & contre eux à tous coups
Arme les mouvemens de mon jufte courroux.
D. GARCIE.
Ah! Madame, il eft vray, quelque effort que je faffe,
Qu'un peu de jaloufie en mon cœur trouve place,
Et qu'un Rival abfent de vos divins appas
Au repos de ce cœur vient livrer des combats.
Soit caprice, ou raifon, j'ay toûjours la croyance
Que voftre ame en ces lieux fouffre de fon abfence;
Et que malgré mes foins, vos foûpirs amoureux
Vont trouver à tous coups ce Rival trop heureux.
Mais fi de tels foupçōs ont dequoy vous déplaire,
Il vous eft bien facile, helas! de m'y fouftraire;

Tome VII.   B

Et leur bannissement, dont j'accepte la Loy
Dépend bié plus de vous, qu'il ne dépend de moy.
Oüy, c'est vous qui pouvez par deux mots pleins de flâme,
Contre la jalousie armer toute mon ame,
Et des pleines clartez d'un glorieux espoir
Dissiper les horreurs que ce monstre y fait cheoir.
Daignez donc étouffer le doute qui m'accable,
Et faites qu'un aveu d'une bouche adorable
Me donne l'assurance au fort de tant d'assauts,
Que je ne puis trouver dans le peu que je vaux.

D. ELUIRE.

Prince, de vos soupçons la tyrannie est grande.
Au moindre mot qu'il dit, un cœur veut qu'on l'entende,
Et n'ayme pas ces feux, dont l'importunité
Demande qu'on s'explique avec tant de clarté.
Le premier mouvement qui découvre nostre ame,
Doit d'un Amant discret satisfaire la flâme ;
Et c'est à s'en dédire authoriser nos vœux,
Que vouloir plus avant pousser de tels aveux.
Je ne dis point quel choix, s'il m'estoit volôtaire,
Entre Dom Sylve & vous, mon ame pourroit faire ;
Mais vouloir vous contraindre à n'estre point jaloux,
Auroit dit quelque chose à tout autre que vous ;
Et je croyois cet ordre un assez doux langage
Pour n'avoir pas besoin d'en dire davantage.
Cependant vostre amour n'est pas encor content ;
Il demande un aveu qui soit plus éclatant.
Pour l'oster de scrupule, il me faut à vous mesme,
En des termes exprés, dire que je vous ayme ;
Et peut-estre qu'encor pour vous en assurer
Vous vous obstineriez à m'en faire jurer.

COMEDIE.

D. GARCIE.
Hé bien, Madame, hé bien, je suis trop teme-
  raire,
De tout ce qui vous plaist, je dois me satisfaire;
Je ne demande point de plus grande clarté,
Je croy que vous avez pour moy quelque bonté,
Que d'un peu de pitié mon feu vous sollicite,
Et je me vois heureux plus que je ne merite.
C'en est fait, je renonce à mes soupçons jaloux,
L'arrest qui les condamne, est un arrest bien
  doux;
Et je reçois la Loy qu'il daigne me prescrire,
Pour affranchir mon cœur de leur injuste empire.

D. ELUIRE.
Vous promettez beaucoup, Prince, & je doute fort,
Si vous pourrez sur vous faire ce grand effort.

D. GARCIE.
Ah! Madame, il suffit pour me rendre croyable,
Que ce qu'on vous promet doit estre inviolable;
Et que l'heur d'obeïr à sa divinité,
Ouvre aux plus grands efforts trop de facilité;
Que le Ciel me déclare une éternelle guerre,
Que je tombe à vos pieds d'un éclat de tonnerre,
Ou pour perir encor par de plus rudes coups,
Puissay-je voir sur moy fondre vostre courroux,
Si jamais mon amour descend à la foiblesse
De manquer aux devoirs d'une telle promesse;
Si jamais dans mon ame aucun jaloux transport
Fait.... *D. Pedre apporte un billet.*

D. ELUIRE.
  J'en estois en peine, & tu m'obliges fort,
Que le Courrier attende à ces regards qu'il jette.
Vois-je pas que déja cet écrit l'inquiete.
Prodigieux effet de son temperamment,
Qui vous arreste, Prince, au milieu du ser-
  ment?

B ij

DOM GARCIE DE NAVARRE,

D. GARCIE.

J'ay creu que vous aviez quelque secret ensemble,
Et je ne voulois pas l'interrompre.

D. ELUIRE.

Il me semble
Que vous me répondez d'un ton fort alteré,
Je vous vois tout à-coup le visage égaré,
Ce changement soudain a lieu de me surprendre,
D'où peut-il provenir, le pourroit-on apprendre ?

D. GARCIE.

D'un mal qui tout à coup vient d'attaquer mon
   cœur.

D. ELUIRE.

Souvent plus qu'on ne croit ces maux ont de
   rigueur ;
Et quelque prompt secours vous seroit necessaire,
Mais encor dites-moy vous prend-il d'ordinaire ?

D. GARCIE.

Par fois.

D. ELUIRE.

Ah ! Prince foible, hé bien par cet écrit,
Guerissez-le ce mal, il n'est que dans l'esprit.

D. GARCIE.

Par cet écrit, Madame, ah ! ma main le refuse,
Je voy vostre pensée, & dequoy l'on m'accuse ;
Si....

D. ELUIRE.

Lisez-le, vous dis-je, & satisfaites-vous.

D. GARCIE.

Pour me traiter aprés, de foible, de jaloux ?
Non, non, je dois icy vous rendre un témoi-
   gnage,   [brage,
Qu'à mon cœur cet écrit n'a point donné d'om-
Et bien que vos bontez m'en laissent le pouvoir,
Pour me justifier je ne veux point le voir.

COMEDIE.
D. ELUIRE.
Si vous vous obſtinez à cette reſiſtance,
J'aurois tort de vouloir vous faire violence ;
Et c'eſt aſſez enfin, que vous avoir preſſé
De voir de quelle main ce billet m'eſt tracé.
D. GARCIE.
Ma volonté toûjours vous doit eſtre soûmiſe,
Si c'eſt voſtre plaiſir, que pour vous je le liſe ;
Je conſens volontiers à prendre cet employ.
D. ELUIRE.
Oüy, oüy, Prince, tenez vous le lirez pour moy.
D. GARCIE.
C'eſt pour vous obeïr au moins, & je puis dire....
D. ELUIRE.
C'eſt ce que vous voudrez, dépêchez-vous de lire.
D. GARCIE.
Il eſt de Done Ignes, à ce que je connoy.
D. ELUIRE.
Oüy, je m'en réjoüis, & pour vous, & pour moy.
D. GARCIE lit.
Malgré l'effort d'un long mépris,
Le Tyran toûjours m'ayme, & depuis voſtre ab-
fence,
Vers moy pour me porter au deſſein qu'il a pris,
Il ſemble avoir tourné toute ſa violence,
Dont il pourſuit l'alliance
De vous & de ſon Fils.

Ceux qui ſur moy peuvent avoir empire
Par de lâches motifs qu'un faux honneur inſpire,
Approuvent tous cet indigne lien ;
J'ignore encor par où finira mon martyre :
Mais je mourray plûtoſt que de conſentir
Puiſſiez-vous joüir, belle Eluire,
D'un deſtin plus doux que le mien.
D. IGNES.

Il continuë.
Dans la haute vertu son ame est affermie.
D. ELUIRE.
Je vais faire réponce à cette illustre amie,
Cependant apprenez, Prince, à vous mieux armer
Contre ce qui prend droit de vous trop allarmer.
J'ay calmé vostre trouble, avec cette lumiere,
Et la chose a passé d'une douce maniere ;
Mais à n'en point mentir il seroit des momens,
Où je pourrois entrer dans d'autres sentimens.
D. GARCIE.
Hé, quoy vous croyez donc....
D. ELUIRE.
Je croy ce qu'il faut croire.
Adieu, de mes avis conservez la memoire,
Et s'il est vray pour moy, que vostre amour soit grand,
Donnez-en à mon cœur les preuves qu'il pretend.
D. GARCIE.
Croyez que desormais, c'est toute mon envie,
Et qu'avant qu'y manquer, je veux perdre la vie.

Fin du premier Acte.

ACTE II.

SCENE PREMIERE.
ELISE, D. LOPE.

ELISE.

OUT ce que fait le Prince, à parler franchement,
N'est pas ce qui me donne un grand étonnement ;
Car que d'un noble amour une ame bien saisie,
En pousse les transports jusqu'à la jalousie.
Que de doutes frequents ses vœux soient traversez,
Il est fort naturel, & je l'approuve assez ;
Mais ce qui me surprend, Dom Lope, c'est d'entendre, [prendre,
Que vous luy preparez les soupçons qu'il doit
Que vostre ame les forme, & qu'il n'est en ces lieux, [yeux,
Fâcheux que par vos soins, jaloux que par vos
Encor un coup, Dom Lope, une ame bien éprise
Des soupçons qu'elle prend, ne me rend point surprise ; [jaloux,
Mais qu'on ait sans amour tous les soins d'un
C'est une nouveauté qui n'appartient qu'à vous.

D. LOPE.
Que sur cette conduite à son aise l'on glose,
Chacun regle la sienne au but qu'il se propose;
Et rebuté par vous des soins de mon amour,
Je songe auprés du Prince à bien faire ma Cour.
ELISE.
Mais sçavez-vous, qu'enfin, il fera mal la sienne,
S'il faut qu'en cette humeur vostre esprit l'entretienne ?
D. LOPE.
Et quand, charmante Elise, a-t'on veu s'il vous plaist, [pre interest ?
Qu'on cherche auprés des Grands, que son pro-
Qu'à parfait Courtisan veüille charger leur suite,
D'un censeur des défauts, qu'on trouve en leur conduite ;
Et s'aille inquieter, si son discours leur nuit,
Pourveu que sa fortune en tire quelque fruit ?
Tout ce qu'on fait ne va, qu'à se mettre en leur grace
Par la plus courte voye, on y cherche une place;
Et les plus prompts moyens de gagner leur faveur,
C'est de flater toûjours le foible de leur cœur :
D'applaudir en aveugle à ce qu'ils veulent faire,
Et n'appuyer jamais ce qui peut leur déplaire;
C'est-là le vray secret d'estre bien auprés d'eux,
Les utiles conseils font passer pour fâcheux,
Et vous laissent toûjours hors de la confidence,
Où vous jette d'abord l'adroite complaisance.
Enfin on voit par tout, que l'art des Courtisans,
Ne tend qu'à profiter des foiblesses des Grands;
A nourrir leurs erreurs, & jamais dans leur ame,
Ne porter les avis des choses qu'on y blâme.
ELISE.
Ces maximes un temps leur peuvent succeder;
Mais il est des revers, qu'on doit apprehender.

COMEDIE.

Et dans l'esprit des Grands, qu'on tâche de sur-
  prendre,
Un rayon de lumiere, à la fin peut descendre,
Qui sur tous ces flateurs vange équitablement,
Ce qu'a fait à leur gloire, un long aveuglement.
Cependant je diray, que vostre ame s'explique
Un peu bien librement sur vostre Politique ;
Et ses nobles motifs, au Prince rapportez,
Serviroient assez mal vos assiduitez.

D. LOPE.

Outre que je pourrois desavoüer, sans blâme,
Ces libres veritez, surquoy s'ouvre mon ame ;
Je sçay fort bien qu'Elise a l'esprit trop discret,
Pour aller divulguer cet entretien secret.
Qu'ay-je dit, aprés tout, que sans moy l'on ne sça-
  che ?
Et dans mon procedé que faut-il que je cache ?
On peut craindre une cheute avec quelque raison,
Quand on met en usage, ou ruse, ou trahison.
Mais qu'ay-je à redouter, moy qui par tout n'a-
  vance   [sance ;
Que les soins approuvez d'un peu de complai-
Et qui suy seulement par d'utiles leçons
La pente qu'a le Prince à de jaloux soupçons ?
Son ame semble en vivre, & je mets mon étude,
A trouver des raisons à son inquietude,
A voir de tous costez, s'il ne se passe rien,
A fournir le sujet d'un secret entretien.
Et quand je puis venir enflé d'une nouvelle,
Donner à son repos une atteinte mortelle ;
C'est lors que plus il m'ayme, & je voy sa raison
D'une audience avide avaler ce poison,
Et m'en remercier, comme d'une victoire,
Qui combleroit ses jours, de bon-heur & de gloire.
Mais mon Rival paroist, je vous laisse tous deux,
Et bien que je renonce à l'espoir de vos vœux,

Tome VII.   C

J'aurois un peu de peine à voir qu'en ma presence,
Il receust des effets de quelque preference ;
Et je veux, si je puis, m'épargner ce soucy.
ELISE.
Tout Amant de bon sens en doit user ainsi.

SCENE II.
D. ALVAR, ELISE.
D. ALVAR.

ENfin, nous apprenons que le Roy de Navarre
Pour les desirs du Prince, aujourd'huy se declare ;
Et qu'un nouveau renfort de Troupes nous attend
Pour le fameux service, où son amour pretend.
Je suis surpris pour moy, qu'avec tant de vitesse,
On ait fait avancer. Mais....

SCENE III.
D. GARCIE, ELISE, D. ALVAR.
D. GARCIE.

Que fait là la Princesse ?
ELISE.
Quelques lettres, Seigneur, je le presume ainsi ;
Mais elle va sçavoir que vous estes icy.

SCENE IV.

D. GARCIE *seul*.

J'Attendray qu'elle ait fait, prés de souffrir sa
　　veuë, 　　　　　　　　　　　　　[émeuë;
D'un trouble tout nouveau je me sens l'ame
Et la crainte meslée à mon ressentiment,
Jette par tout mon corps un soudain tremblement.
Prince, prends garde au moins, qu'un aveugle ca-
　　price
Ne te conduise icy dans quelque precipice;
Et que de ton esprit les desordres puissans,
Ne donnent un peu trop au rapport de tes sens.
Consulte ta raison, prends sa clarté pour guide,
Voy si de tes soupçons, l'apparence est solide,
Ne dements pas leur voix, mais aussi garde bien
Que pour les croire trop, ils ne t'imposent rien ;
Qu'à tes premiers transports ils n'osent trop per-
　　mettre,
Et relis posément cette moitié de lettre.
Ha ! qu'est-ce que mon cœur, trop digne de pitié,
Ne voudroit pas donner pour son autre moitié !
Mais aprés tout que dis-je ? il suffit bien de l'une,
Et m'en voilà que trop pour voir mon infortune.

Quoy que vostre Rival....
Vous devez toutefois vous....
Et vous avez en vous à....
L'obstacle le plus grand....

Je cheris tendrement ce....
Pour me tirer des mains de....

DOM GARCIE DE NAVARRE,

Son amour, ses devoirs....
Mais il m'est odieux, avec....

Ostez donc à vos feux ce....
Meritez les regards que l'on....
Et lors qu'on vous oblige....
Ne vous obstinez point à....

Oüy, mon sort par ces mots est assez éclaircy,
Son cœur comme sa main se fait connoistre icy ;
Et les sens imparfaits de cet écrit funeste,
Pour s'expliquer à moy, n'ont pas besoin du reste.
Toutefois dans l'abord agissons doucement,
Couvrons à l'infidelle un vif ressentiment ;
Et de ce que je tiens, ne donnant point d'indice,
Confondons son esprit par son propre artifice.
La voicy, ma raison, renferme mes transports,
Et rends-toy pour un temps maistresse du dehors.

SCENE V.

D. ELUIRE, D. GARCIE.

D. ELUIRE.

Vous avez bien voulu que je vous fisse attendre ?

D. GARCIE.

Ha ! qu'elle cache bien.

D. ELUIRE.

On vient de nous apprendr
Que le Roy vostre Pere approuve vos projets,
Et veut bien que son Fils nous rende nos Sujets,

Et mon ame en a pris une allegresse extrême?
D. GARCIE.
Oüy, Madame, & mō cœur s'en réjoüit de mesme;
Mais....
D. ELUIRE.
Le Tyran sans doute aura peine à parer
Les foudres que par tout il entend murmurer;
Et j'ose me flater que le mesme courage
Qui pût bien me souftraire à sa brutale rage;
Et dans les murs d'Astorgue, arrachez de ses mains,
Me faire un seur azile à braver ses desseins:
Pourra de tout Leon, achevant la conqueste,
Sous ses nobles efforts faire cheoir cette teste.
D. GARCIE.
Le succez en pourra parler dans quelques jours,
Mais de grace passons à quelque autre discours.
Puis-je sans trop oser vous prier de me dire,
A qui vous avez pris, Madame, soin d'écrire,
Depuis que le destin nous a conduits icy?
D. ELUIRE.
Pourquoy cette demande? & d'où vient ce soucy?
D. GARCIE.
D'un desir curieux de pure fantaisie.
D. ELUIRE.
La curiosité naist de la jalousie.
D. GARCIE.
Non, ce n'est rien du tout de ce que vous pensez,
Vos ordres de ce mal me défendent assez.
D. ELUIRE.
Sans chercher plus avant quel interest vous presse,
J'ay deux fois à Leon, écrit à la Comtesse;
Et deux fois au Marquis D. Loüis, à Burgos,
Avec cette réponse estes-vous en repos?

C iij

D. GARCIE.
Vous n'avez point écrit à quelque autre personne,
Madame ?
D. ELUIRE.
Non, sans doute, & ce discours m'étonne.
D. GARCIE.
De grace songez bien avant que d'assurer,
En manquant de memoire on peut se parjurer.
D. ELUIRE.
Ma bouche sur ce point ne peut estre parjure.
D. GARCIE.
Elle a dit toutefois une haute imposture.
D. ELUIRE.
Prince.
D. GARCIE.
Madame.
D. ELUIRE.
O Ciel ! quel est ce mouvement,
Avez vous, dites-moy, perdu le jugement ?
D. GARCIE.
Oüy, oüy, je l'ay perdu, lorsque dans vostre
  veuë,   [tuë,
J'ay pris pour mon mal-heur le poison qui me
Et que j'ay crû trouver quelque sincerité
Dans les traistres appas, dont je fus enchanté.
D. ELUIRE.
De quelle trahison pouvez-vous donc vous plain-
  dre ?
D. GARCIE.
Ah ! que ce cœur est double, & sçait bien l'art
  de feindre ;
Mais tous moyens de fuir luy vōt estre soustraits,
Jettez icy les yeux, & connoissez vos traits ;
Sans avoir veu le reste, il m'est assez facile
De découvrir pour qui vous employez ce stile.

D. ELUIRE.
Voilà donc le sujet qui vous trouble l'esprit ?
D. GARCIE.
Vous ne rougissez pas en voyant cet écrit ?
D. ELUIRE.
L'innocence à rougir n'est point accoûtumée.
D. GARCIE.
Il est vray qu'en ces lieux on la voit opprimée,
Ce billet démenti pour n'avoir point de seing.
D. ELUIRE.
Pourquoy le dementir, puisqu'il est de ma main ?
D. GARCIE.
Encor est-ce beaucoup que de franchise pure,
Vous demeuriez d'accord, que c'est vostre écriture ;
Mais ce sera, sans doute, & j'en serois garant,
Un billet qu'on envoye à quelque indifferent,
Ou du moins ce qu'il a de tendresse évidente
Sera pour une amie, ou pour quelque parente.
D. ELUIRE.
Non, c'est pour un Amant, que ma main l'a formé,
Et j'ajoûte de plus pour un Amant aymé.
D. GARCIE.
Et je puis, ô Perfide.....
D. ELUIRE.
   Arrestez, Prince indigne
De ce lâche transport l'égarement insigne,
Biē que de vous mō cœur ne prenne point de loy,
Et ne doive en ces lieux aucun conte qu'à soy.
Je veux bien me purger pour vostre seul supplice,
Du crime que m'impose un insolent caprice ;
Vous serez éclaircy, n'en doutez nullement,
J'ay ma défence preste en ce mesme moment.
Vous allez recevoir une pleine lumiere,
Mon innocence icy paroistra toute entiere ;

Et je veux vous mettant juge en voſtre intereſt,
Vous faire prononcer vous meſme voſtre arreſt.
D. GARCIE.
Ce ſont propos obſcurs, qu'on ne ſçauroit comprendre.
D. ELUIRE.
Bien-toſt à vos dépens vous me pourrez entendre.
Eliſe, hola.

SCENE VI.

D. GARCIE, D. ELUIRE, ELISE.

ELISE.

Madame.
D. ELUIRE.
                    Obſervez bien au moins,
Si j'oſe à vous tromper employer quelques ſoins,
Si par un ſeul coup d'œil, ou geſte qui l'inſtruiſe,
Je cherche de ce coup à parer la ſurpriſe.
Le billet que tantoſt ma main avoit tracé,
Répondez promptement, où l'avez vous laiſſé?
ELISE.
Madame, j'ay ſujet de m'avoüer coupable,
Je ne ſçay comme il eſt demeuré ſur ma table;
Mais on vient de m'apprendre en ce meſme moment,
Que Dom Lope venant dans mon appartement,
Par une liberté, qu'on luy voit ſe permettre,
A fureté par tout, & trouvé cette lettre.
Comme il la déplioit, Leonor a voulu
S'en ſaiſir promptement, avant qu'il eût rien leu;

COMEDIE.   33

Et se jettant sur luy, la lettre contestée,
En deux justes moitiez dans leurs mains est restée,
Et Dom Lope aussi-tost prenant un prompt effort,
A dérobé la sienne aux soins de Leonor.
D. ELUIRE.
Avez vous icy l'autre ?
ELISE.
    Oüy, la voilà, Madame.
D. ELUIRE.
Donnez, nous allons voir qui merite le blâme,
Avec vostre moitié rassemblez celle-cy,
Lisez, & hautement, je veux l'entendre aussi.
D. GARCIE.
Au Prince Dom Garcie ! ah.
D. ELUIRE.
     Achevez de lire,
Vostre ame pour ce mot ne doit pas s'interdire ?
D. GARCIE lit.
Quoy que vostre Rival, Prince, allarme vostre ame,
Vous devez toutefois vous craindre plus que luy,
Et vous avez en vous à détruire aujourd'huy
L'obstacle le plus grand que trouve vostre flâme.

Je cheris tendrement ce qu'a fait Dom Garcie,
Pour me tirer des mains de nos fiers ravisseurs,
Son amour, ses devoirs ont pour moi des douceurs,
Mais il m'est odieux avec sa jalousie.

Ostez-donc à vos feux, ce qu'ils en font paroistre,
Meritez les regards que l'on jette sur eux ;
Et lors qu'on vous oblige à vous tenir heureux,
Ne vous obstinez point à ne pas vouloir l'estre ?
D. ELUIRE.
Hé, bien que dites-vous ?

D. GARCIE.

Ha! Madame, je dis,
Qu'à cet objet mes sens demeurent interdits;
Que je voy dans ma plainte une horrible injus-
  tice,   [plice.
Et qu'il n'est point pour moy d'assez cruel sup-

D. ELUIRE.

Il suffit, apprenez que si j'ay souhaité
Qu'à vos yeux cet écrit pust estre presenté;
C'est pour le dementir, & cent fois me dédire
De tout ce que pour vous, vous y venez de lire.
Adieu Prince.

D. GARCIE.

Madame, helas! où fuyez-vous?

D. ELUIRE.

Où vous ne serez point trop odieux jaloux.

D. GARCIE.

Ha! Madame, excusez un Amant miserable,
Qu'un sort prodigieux a fait vers vous coupable,
Et qui, bien qu'il vous cause un courroux si puis-
  sant,
Eust esté plus blâmable à rester innocent.
Car enfin, peut-il estre une ame bien atteinte,
Dont l'espoir le plus doux ne soit meslé de crainte?
Et pourriez-vous penser que mõ cœur eust aymé,
Si ce billet fatal ne l'eust point allarmé?
S'il n'avoit point fremy des coups de cette foudre,
Dont je me figurois tout mon bon-heur en pou-
Vous-mesme, dites-moy, si cet évenement, [dre;
N'eust pas dans mõ erreur jetté tout autre Amant?
Si d'une preuve, helas! qui me sembloit si claire,
Je pouvois dementir....

D. ELUIRE.

Oüy, vous le pouviez faire,
Et dans mes sentimens assez bien déclarez
Vos doutes rencontroient des garants assurez;

COMEDIE. 35

Vous n'aviez rien à craindre, & d'autres sur ce gage.
Auroient du monde entier bravé le témoignage.
D. GARCIE.
Moins on merite un bien qu'on nous fait esperer,
Plus nostre ame a de peine à pouvoir s'assurer ;
Un sort trop plein de gloire à nos yeux est fragile,
Et nous laisse aux soupçons une pente facile.
Pour moy qui crois si peu meriter vos bontez,
J'ay douté du bon-heur de mes temeritez ;
J'ay crû que dans ces lieux rangez sous ma puissance
Vostre ame se forçoit à quelque complaisance ;
Que déguisant pour moy vostre severité.....
D. ELUIRE.
Et je pourrois descendre à cette lâcheté,
Moy prendre le party d'une honteuse feinte,
Agir par les motifs d'une servile crainte,
Trahir mes sentimens, & pour estre en vos mains,
D'un masque de faveur vous couvrir mes dédains;
La gloire sur mon cœur auroit si peu d'empire,
Vous pouvez le penser, & vous me l'osez dire ?
Apprenez que ce cœur ne sçait point s'abaisser,
Qu'il n'est rien sous les Cieux qui puisse l'y forcer.
Et s'il vous a fait voir par une erreur insigne
Des marques de bonté, dont vous n'estiez pas digne ;   [voir,
Qu'il sçaura bien montrer malgré vostre pou-
La hayne que pour vous il se resout d'avoir ;
Braver vostre furie, & vous faire connoistre
Qu'il n'a point esté lâche, & ne veut jamais l'estre.
D. GARCIE.
Hé bien je suis coupable, & ne m'en défends pas,
Mais je demande grace à vos divins appas ;

Je la demande au nom de la plus vive flâme,
Dont jamais deux beaux yeux ayent fait brûler
 une ame:
Que si vostre courroux ne peut estre appaisé,
Si mon crime est trop grand pour se voir excusé,
Si vous ne regardez, ny l'amour qui le cause,
Ny le vif repentir que mon cœur vous expose;
Il faut qu'un coup heureux, en me faisant mourir,
M'arrache à des tourmens que je ne puis souffrir.
Non ne presumez pas, qu'ayant sçeu vous déplaire,
Je puisse vivre une heure avec vostre colere.
Déja de ce moment la barbare longueur,
Sous ses cuisans remords fait succõber mon cœur;
Et de mille Vautours les blessures cruelles,
N'ont rien de cõparable à ses douleurs mortelles;
Madame, vous n'avez qu'à me le déclarer,
S'il n'est point de pardon que je doive esperer,
Cette épée aussi-tost, par un coup favorable
Va percer à vos yeux le cœur d'un miserable;
Ce cœur, ce traistre cœur, dont les perplexitez,
Ont si fort outragé vos extrêmes bontez;
Trop heureux en mourant, si ce coup legitime
Efface en vostre esprit l'image de mon crime;
Et ne laisse aucuns traits de vostre aversion
Au foible souvenir de mon affection;
C'est l'unique faveur que demande ma flâme.

    D. ELUIRE.
Ha! Prince trop cruel.
    D. GARCIE.
     Dites, parlez, Madame.
    D. ELUIRE.
Faut-il encor pour vous conserver des bontez,
Et vous voir m'outrager par tant d'indignitez.
    D. GARCIE.
Un cœur ne peut jamais outrager quand il ayme,
Et ce que fait l'amour il l'excuse luy-mesme.

COMEDIE.
D. ELUIRE.
L'amour n'excuse point de tels emportemens.
D. GARCIE.
Tout ce qu'il a d'ardeur passe en ses mouvemens,
Et plus il devient fort, plus il trouve de peine.
D. ELUIRE.
Non, ne m'en parlez point vous meritez ma haine.
D. GARCIE.
Vous me haïssez donc ?
D. ELUIRE.
J'y veux tâcher au moins ;
Mais, helas ! je crains bien que j'y perde mes soins,
Et que tout le courroux qu'excite vostre offence
Ne puisse jusques-là faire aller ma vangeance.
D. GARCIE.
D'un supplice si grand ne tentez point l'effort,
Puisque pour vous vanger je vous offre ma mort ;
Prononcez-en l'arrest, & j'obeis sur l'heure.
D. ELUIRE.
Qui ne sçauroit haïr, ne peut vouloir qu'on meure.
D. GARCIE.
Et moy je ne puis vivre, à moins que vos bontez
Accordent un pardon à mes temeritez,
Resolvez l'un des deux, de punir, ou d'absoudre.
D. ELUIRE.
Helas ! j'ay trop fait voir, ce que je puis resoudre.
Par l'aveu d'un pardon, n'est-ce pas se trahir,
Que dire au Criminel qu'on ne le peut haïr ?
D. GARCIE.
Ah ! c'en est trop, souffrez, adorable Princesse.
D. ELUIRE.
Laissez je me veux mal d'une telle foiblesse.
D. GARCIE.
Enfin je suis.....

SCENE VII.

D. LOPE, D. GARCIE.

D. LOPE.

SEigneur, je viens vous informer
D'un secret dont vos feux ont droit de s'allarmer.
D. GARCIE.
Ne me viens point parler de secret, ny d'allarme
Dans les doux mouvemens du transport qui me
  charme,
Aprés ce qu'à mes yeux on vient de presenter,
Il n'est point de soupçons que je doive écouter;
Et d'un divin objet la bonté sans pareille,
A tous ces vains rapports, doit fermer mon oreille,
Ne m'en fais plus.
D. LOPE.
    Seigneur, je veux ce qu'il vous plaist,
Mes soins en tout cecy n'ont que vostre interest;
J'ay crû que le secret que je viens de surprendre
Meritoit bien qu'en haste on vous le vinst ap-
  prendre;
Mais puisque vous voulez que je n'en touche rien,
Je vous diray, Seigneur, pour changer d'entretien,
Que déja dans Leon on voit chaque famille
Lever le masque au bruit des Trouppes de Cas-
  tille,
Et que sur tout le Peuple y fait pour son vray Roy
Un éclat à donner au Tyran de l'effroy.
D. GARCIE.
La Castille du moins n'aura pas la victoire,
Sans que nous essayons d'en partager la gloire;

COMEDIE.

Et nos Trouppes auſſi peuvent eſtre en eſtat,
D'imprimer quelque crainte au cœur de Maure-
 gat.   [truire,
Mais quel eſt ce ſecret, dont tu voulois m'inſ-
Voyons un peu ?
D. LOPE.
Seigneur, je n'ay rien à vous dire.
D. GARCIE.
Va, va, parle, mon cœur t'en donne le pouvoir.
D. LOPE.
Vos paroles, Seigneur, m'en ont trop fait ſçavoir,
Et puiſque mes avis ont dequoy vous déplaire,
Je ſçauray deſormais trouver l'art de me taire.
D. GARCIE.
Enfin, je veux ſçavoir la choſe abſolument.
D. LOPE.
Je ne replique point à ce commandement ;
Mais, Seigneur, en ce lieu le devoir de mon zele
Trahiroit le ſecret d'une telle nouvelle.
Sortons pour vous l'apprendre, & ſans rien em-
 braſſer,
Vous meſme vous verrez ce qu'on en doit penſer.

Fin du ſecond Acte.

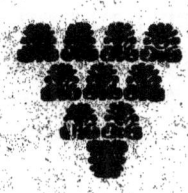

ACTE III.

SCENE PREMIERE.

D. ELUIRE, ELISE.

D. ELUIRE.

ELISE, que dis-tu de l'étrange foi-
blesse,
Que vient de témoigner le cœur
d'une Princesse ?
Que dis-tu de me voir tomber si
promptement,
De toute la chaleur de mon ressentiment ;
Et malgré tant d'éclat relascher mon courage
Au pardon trop honteux d'un si cruel outrage ?
ELISE.
Moy, je dis que d'un cœur que nous pouvons
chérir,
Une injure sans doute est bien dure à souffrir :
Mais que s'il n'en est point qui davantage irrite,
Il n'en est point aussi qu'on pardonne si viste ;
Et qu'un coupable aymé triomphe à nos genoux
De tous les prompts transports du plus boüillant
courroux,
D'autant plus aisément, Madame, quand l'offence
Dans un excez d'amour peut trouver sa naissance ;
Ainsi quelque dépit que l'on vous ait causé,
Je ne m'étonne point de le voir appaisé ;

COMEDIE.

Et je sçay quel pouvoir malgré vostre menace,
A de pareils forfaits donnera toûjours grace.
D. ELUIRE.
Ah! sçache quelque ardeur qui m'impose des loix,
Que mon front a rougi pour la derniere fois;
Et que si desormais on pousse ma colere,
Il n'est point de retour qu'il faille qu'on espere.
Quand je pourrois reprendre un tendre sentiment,
C'est assez contre luy que l'éclat d'un serment;
Car enfin un esprit qu'un peu d'orgüeil inspire,
Trouve beaucoup de honte à se pouvoir dédire;
Et souvent aux dépens d'un penible combat,
Fait sur ses propres vœux un illustre attentat,
S'obstine par honneur, & n'a rien qu'il n'immole
A la noble fierté de tenir sa parole.
Ainsi dans le pardon que l'on vient d'obtenir,
Ne prend point de clartez pour regler l'avenir;
Et quoy qu'à mes destins la fortune prepare,
Crois que je ne puis estre au Prince de Navarre,
Que de ces noirs accez qui troublent sa raison,
Il n'ait fait éclater l'entiere guerison,
Et reduit tout mon cœur que ce mal persecute,
A n'en plus redouter l'affront d'une recheute.
ELISE.
Mais quel affront nous fait le transport d'un jaloux?
D. ELUIRE.
En est-il un qui soit plus digne de courroux?
Et puis que nostre cœur fait un effort extrême,
Lors qu'il se peut resoudre à confesser qu'il ayme;
Puisque l'honeur du Sexe en tout temps rigoureux,
Oppose un fort obstacle à de pareils aveux.
L'Amant qui voit pour luy fraîchir un tel obstacle,
Doit-il impunement douter de cet Oracle?
Et n'est-il pas coupable, alors qu'il ne croit pas,
Ce qu'on ne dit jamais qu'aprés de grands côbats?

ELISE.
Moy, je tiens que toûjours un peu de défiance,
En ces occasions n'a rien qui nous offence ;
Et qu'il est dâgereux qu'un cœur qu'on a charmé,
Soit trop persuadé, Madame, d'estre aymé,
Si......
    D. ELUIRE.
N'en disputons plus, chacun a sa pensée,
C'est un scrupule, enfin, dont mon ame est blessée;
Et contre mes desirs, je sens je ne sçay quoy,
Me prédire un éclat entre le Prince & moy ;
Qui malgré ce qu'on doit aux vertus dôt il brille.
Mais ô Ciel ! en ces lieux, D. Sylve de Castille;
Ah ! Seigneur, par quel sort vous vois-je maintenant ?

SCENE II.

D. SYLVE, D. ELUIRE, ELISE.

D. SYLVE.

JE sçay que mon abord, Madame, est surprenant,
Et qu'estre sans éclat entré dans cette Ville,
Dont l'ordre d'un Rival rend l'accez difficile ;
Qu'avoir pû me soustraire aux yeux de ses Soldats,
C'est un évenement que vous n'attendiez pas.
Mais si j'ay dans ces lieux franchi quelques obstacles,
L'ardeur de vous revoir peut biē d'autres miracles,
Tout mon cœur a senti par de trop rudes coups
Le rigoureux destin d'estre éloigné de vous ;

Et je n'ay pû nier au tourment qui le tuë,
Quelques momens secrets d'une si chere veuë.
Je viens vous dire donc que je rends grace aux
   Cieux,
De vous voir hors des mains d'un Tyran odieux;
Mais parmy les douceurs d'une telle avanture,
Ce qui m'est un sujet d'éternelle torture,   sort,
C'est de voir qu'à mon bras les rigueurs de mon
Ont envié l'honneur de cet illustre effort,
Et fait à mon Rival, avec trop d'injustice,
Offrir les doux perils d'un si fameux service ;
Oüy, Madame, j'avois pour rompre vos liens
Des sentimés sans doute aussi beaux que les siens ;
Et je pouvois pour vous gagner cette victoire,
Si le Ciel n'eust voulu m'en dérober la gloire.

D. ELUIRE.

Je sçay, Seigneur, je sçay, que vous avez un cœur,
Qui des plus grands perils vous peut rendre vain-
   queur ;
Et je ne doute point que ce genereux zele,
Dont la chaleur vous pousse à vager ma querelle,
N'eust contre les efforts d'un indigne projet
Pû faire en ma faveur tout ce qu'un autre a fait.
Mais sans cette action, dont vous estiez capable,
Mon sort à la Castille est assez redevable ;
On sçait ce qu'en amy, plein d'ardeur & de foy,
Le Comte vostre Pere a fait pour le feu Roy,
Aprés l'avoir aydé, jusqu'à l'heure derniere,
Il donne en ses Estats un azile à mon Frere.
Quatre Lustres entiers, il y cache son sort,
Aux barbares fureurs de quelque lâche effort ;
Et pour rendre à son front l'éclat d'une Couronne,
Contre nos ravisseurs vous marchez en personne.
N'estes-vous pas content, & ces soins genereux,
Ne m'attachent-ils point par d'assez puissans
   nœuds ?

Quoy voſtre ame, Seigneur, ſeroit-elle obſtinée
A vouloir aſſervir toute ma deſtinée;
Et faut-il que jamais il ne tombe ſur nous
L'ombre d'un ſeul bien-fait qu'il ne vienne de
  vous ?   [poſe,
Ah! ſouffrez dans les maux, où mon deſtin m'ex-
Qu'aux ſoins d'un autre auſſi, je doive quelque
  choſe;
Et ne vous plaignez point de voir un autre bras,
Acquerir de la gloire, où le voſtre n'eſt pas.

D. SYLVE.

Oüy, Madame, mon cœur doit ceſſer de s'en
  plaindre,
Avec trop de raiſon vous voulez m'y contraindre,
Et c'eſt injuſtement qu'on ſe plaint d'un mal-heur,
Quand un autre plus grand s'offre à noſtre dou-
  leur.
Ce ſecours d'un Rival m'eſt un cruel martyre;
Mais, helas! de mes maux, ce n'eſt pas là le pire,
Le coup, le rude coup, dont je ſuis atterré,
C'eſt de me voir par vous ce Rival preferé.
Oüy, je ne vois que trop, que ſes feux pleins de
  gloire,   [toire;
Sur les miens dans voſtre ame emportent la vic-
Et cette occaſion de ſervir vos appas,
Cet avantage offert de ſignaler ſon bras,
Cet éclatant exploit qui vous fut ſalutaire,
N'eſt que le pur effet du bon-heur de vous plaire.
Que le ſecret pouvoir d'un aſtre merveilleux,
Qui fait tōber la gloire, où s'attachent vos vœux;
Ainſi tous mes efforts ne ſeront que fumée,
Contre vos fiers Tyrans je conduis une armée.
Mais je marche en tremblāt à cet illuſtre employ,
Aſſuré que vos vœux ne ſeront pas pour moy,
Et que s'ils ſont ſuivis, la fortune prepare   [varre.
L'heur des plus beaux ſuccez aux ſoins de la Na-

COMEDIE.

Ah! Madame, faut-il me voir precipité
De l'espoir glorieux dont je m'estois flatté;
Et ne puis-je sçavoir quels crimes on m'impute,
Pour avoir merité cette effroyable cheûte ?

D. ELUIRE.

Ne me demandez rien avant que regarder,
Ce qu'à mes sentimens vous devez demander;
Et sur cette froideur qui semble vous confondre,
Répondez-vous, Seigneur, ce que je puis répondre;
Car enfin tous vos soins ne sçauroient ignorer
Quels secrets de vostre ame on m'a sçeu déclarer,
Et je la crois cette ame, & trop noble, & trop haute,
Pour vouloir m'obliger à commettre une faute;
Vous-mesme, dites-vous, s'il est de l'équité,
De me voir couronner une infidelité.
Si vous pouviez m'offrir, sans beaucoup d'injustice
Un cœur à d'autres yeux offert en sacrifice,
Vous plaindre avec raison, & blâmer mes refus,
Lors qu'ils veulent d'un crime affranchir vos vertus.
Oüy, Seigneur, c'est un crime, & les premieres flâmes,
Ont des droits si sacrez sur les illustres ames,
Qu'il faut perdre grandeurs, & renoncer au jour,
Plûtost que de pancher vers un second amour.
J'ay pour vous cette ardeur que peut prendre l'estime,
Pour un courage haut, pour un cœur magnanime,
Mais n'exigez de moy que ce que je vous dois,
Et soûtenez l'honneur de vostre premier choix.
Malgré vos feux nouveaux, voyez quelle tendresse
Vous conserve le cœur de l'aimable Comtesse;
Ce que pour un ingrat, (car vous l'estes Seigneur,)
Elle a d'un choix constant refusé le bon-heur.
Quel mépris genereux dans son ardeur extrême,
Elle a fait de l'éclat, que donne un Diadême;

D iij

Voyez combien d'efforts pour vous elle a bravez,
Et rendez à son cœur, ce que vous luy devez.

D. SYLVE.

Ah! Madame, à mes yeux n'offrez point son merite,
Il n'est que trop present à l'ingrat qui la quitte;
Et si mon cœur vous dit, ce que pour elle il sent,
J'ay peur qu'il ne soit pas envers vous innocent.
Oüy, ce cœur l'ose plaindre, & ne suit pas sans peine
L'imperieux effort de l'amour qui l'entraîne,
Aucun espoir pour vous n'a flatté mes desirs,
Qui ne m'ait arraché pour elle des soûpirs;
Qui n'ait dans ses douceurs fait jetter à mon ame,
Quelques tristes regards, vers sa premiere flâme
Se reprocher l'effet de vos divins attraits,
Et mesler des remords à mes plus chers souhaits.
J'ay fait plus que cela, puisqu'il vous faut tout dire,
Oüy, j'ay voulu sur moy vous oster vostre empire,
Sortir de vostre chaîne, & rejetter mon cœur,
Sous le joug innocent de son premier vainqueur.
Mais aprés mes efforts ma constance abbatuë,
Voit un cours necessaire à ce mal qui me tuë;
Et deust estre mon sort à jamais mal-heureux,
Je ne puis renoncer à l'espoir de mes vœux;
Je ne sçaurois souffrir l'épouvantable idée
De vous voir par un autre à mes yeux possedée;
Et le flambeau du jour qui m'offre vos appas,
Doit avant cet Hymen éclairer mon trépas.
Je sçay que je trahis une Princesse aimable, [ble;
Mais, Madame, aprés tout mon cœur est-il coupa-
Et le fort ascendant, que prend vostre beauté,
Laisse t-il aux esprits aucune liberté?
Helas! je suis icy, bien plus à plaindre qu'elle,
Son cœur, en me perdant, ne perd qu'un infidelle;

D'un pareil déplaisir on se peut consoler ;
Mais moy par un mal-heur qui ne peut s'égaler,
J'ay celuy de quitter une aimable personne,
Et tous les maux encor que mon amour me donne.

D. ELUIRE.

Vous n'avez que les maux que vous voulez avoir,
Et toûjours nostre cœur est en nostre pouvoir ;
Il peut bien quelquefois montrer quelque foi-blesse,
Mais enfin, sur nos sens, la raison, la maistresse…

SCENE III.

D. GARCIE, D. ELUIRE, D. SYLVE.

D. GARCIE.

Madame, mon abord, comme je connois bien,
Assez mal-à-propos trouble vostre entretien ;
Et mes pas en ce lieu, s'il faut que je le die,
Ne croyoient pas trouver si bonne compagnie.

D. ELUIRE.

Cette veuë, en effet, surprend au dernier poinct,
Et de mesme que vous, je ne l'attendois point.

D. GARCIE.

Oüy, Madame, je croy, que de cette visite,
Comme vous l'assurez, vous n'estiez point instruite ;
Mais, Seigneur, vous deviez nous faire au moins l'honneur
De nous donner avis de ce rare bon-heur ;

Et nous mettre en estat, sans nous vouloir surprendre, [vous rendre.
De vous rendre en ces lieux, ce qu'on voudroit

D. SYLVE.

Les heroïques soins vous occupent si fort,
Que de vous en tirer, Seigneur, j'aurois eu tort;
Et des grands Conquerans les sublimes pensées
Sont aux civilitez avec peine abaissées.

D. GARCIE.

Mais les grands Conquerans, dont on vante les
 soins,
Loin d'aymer le secret, affectent les témoins.
Leur ame dés l'enfance à la gloire élevée,
Les fait dans leurs projets aller teste levée;
Et s'appuyant toûjours sur des hauts sentimens,
Ne s'abaisse jamais à des déguisemens.
Ne commettez-vous point vos vertus heroïques,
En passant dans ces lieux par des sourdes prati-
 ques ; [de tous
Et ne craignez vous point, qu'on puisse aux yeux
Trouver cette action trop indigne de vous ?

D. SYLVE.

Je ne sçay si quelqu'un blâmera ma conduite,
Au secret que j'ay fait d'une telle visite;
Mais je sçay qu'aux projets qui veulent la clarté,
Prince, je n'ay jamais cherché l'obscurité.
Et quand j'auray sur vous à faire une entre-
 prise,
Vous n'aurez pas sujet de blâmer la surprise;
Il ne tiendra qu'à vous de vous en garantir,
Et l'on prendra le soin de vous en avertir.
Cependant demeurons aux termes ordinaires,
Remettons nos débats aprés d'autres affaires;
Et d'un sang un peu chaud reprimant les boüil-
 lons, [lons?
N'oublions pas tous deux, devant qui nous par-

D. ELUIRE.

COMEDIE.
D. ELUIRE.

Prince, vous avez tort, & sa visite est telle,
Que vous.....

D. GARCIE.

Ah ! c'en est trop que prendre sa querelle,
Madame, & vostre esprit devroit feindre un peu mieux,
Lors qu'il veut ignorer sa venuë en ces lieux.
Cette chaleur si prompte, à vouloir la défendre,
Persuade assez mal, qu'elle ait pû vous surprendre.

D. ELUIRE.

Quoy que vous soupçonniez, il m'importe si peu,
Que j'aurois du regret d'en faire un desaveu.

D. GARCIE.

Poussez-donc jusqu'au bout cet orgüeil heroïque,
Et que sans hesiter tout vostre cœur s'explique ;
C'est au déguisement donner trop de credit,
Ne desavoüez rien, puisque vous l'avez dit.
Tranchez, tranchez le mot, forcez toute contrainte,
Dites que de ses feux vous ressentez l'atteinte ;
Que pour vous sa presence a des charmes si doux....

D. ELUIRE.

Et si je veux l'aymer m'en empescherez-vous ?
Avez vous sur mon cœur quelque empire à pretendre,
Et pour regler mes vœux ay-je vostre ordre à prendre ?
Sçachez que trop d'orgüeil a pû vous décevoir,
Si vostre cœur sur moy s'est crû quelque pouvoir ;
Et que mes sentimens sont d'une ame trop grande
Pour vouloir les cacher, lors qu'on me les demande :
Je ne vous diray point si le Comte est aymé,
Mais apprenez de moy qu'il est fort estimé.

DOM GARCIE DE NAVARRE,

Que ses hautes vertus, pour qui je m'interesse,
Meritent mieux que vous les vœux d'une Prin-
    cesse, [voir
Que je garde aux ardeurs, aux soins qu'il me fait
Tout le ressentiment qu'une ame puisse avoir.
Et que si des destins la fatale puissance,
M'oste la liberté d'estre sa recompense ;
Au moins est-il en moy de promettre à ses vœux,
Qu'on ne me verra point le butin de vos feux.
Et sans vous amuser d'une attente frivole,
C'est à quoy je m'engage, & je tiendray parole.
Voilà mon cœur ouvert, puisque vous le voulez,
Et mes vrais sentimens à vos yeux étalez ;
Estes-vous satisfait, & mon ame attaquée,
S'est-elle à vostre avis assez bien expliquée ?
Voyez pour vous oster tout lieu de soupçonner,
S'il reste quelque jour encor à vous donner ;
Cependant si vos soins s'attachent à me plaire,
Songez que vostre bras, Comte, m'est necessaire ;
Et d'un capricieux, quels que soient les transports,
Qu'à punir nos Tyrans, il doit tous ses efforts.
Fermez l'oreille, enfin, à toute sa furie,
Et pour vous y porter, c'est moy qui vous en prie.

SCENE IV.

D. GARCIE, D. SYLVE.

D. GARCIE.

Tout vous rit, & vostre ame en cette occasion
    Joüit superbement de ma confusion ;
Il vous est doux de voir un aveu plein de gloire,
Sur les feux d'un Rival marquer vostre victoire ;

COMEDIE.

Mais c'est à vostre joye un surcroist sans égal,
D'en avoir pour témoins les yeux de ce Rival;
Et mes pretentions hautement étouffées,
A vos vœux triomphans sont d'illustres trophées;
Goûtez à pleins transports ce bon-heur éclatant,
Mais sçachez qu'on n'est pas encor où l'on pretend.
La fureur qui m'anime a de trop justes causes,
Et l'on verra peut-estre arriver bien des choses;
Un desespoir va loin quand il est échappé,
Et tout est pardonnable à qui se voit trompé.
Si l'ingrate à mes yeux pour flatter vostre flâme,
A jamais n'estre à moy, vient d'engager son ame;
Je sçauray bien trouver dans mon juste courroux
Les moyens d'empescher qu'elle ne soit à vous.

D. SYLVE.

Cet obstacle n'est pas ce qui me met en peine,
Nous verrons quelle attente en tout cas sera vaine,
Et chacun de ses feux pourra par sa valeur,
Ou défendre la gloire, ou vanger le mal-heur.
Mais comme entre Rivaux, l'ame la plus posée,
A des termes d'aigreur, trouve une pente aisée,
Et que je ne veux point qu'un pareil entretien
Puisse trop échauffer vostre esprit, & le mien;
Prince, affranchissez-moy d'une gesne secrette,
Et me donnez moyen de faire ma retraite.

D. GARCIE.

Non, non, ne craignez point qu'on pousse vostre esprit,
A violer icy l'ordre qu'on vous prescrit;
Quelque juste fureur qui me presse, & vous flatte,
Je sçay, Comte, je sçay, quand il faut qu'elle éclate.
Ces lieux vous sont ouverts, oüy, sortez-en, sortez,
Glorieux des douceurs que vous en remportez;

E ij

Mais encor une fois, apprenez que ma teste
Peut seule dans vos mains mettre vostre con-
  queste.
D. SYLVE.
Quand nous en serons-là, le sort en nostre bras,
De tous nos interests vuidera les debats.

Fin du troisiéme Acte.

COMEDIE.

ACTE IV.

SCENE PREMIERE.

D. ELUIRE, D. ALVAR.

D. ELUIRE.

ETOURNEZ, D. Alvar, & per-
dez l'esperance,
De me persuader l'oubly de cette
offence ;
Cette playe en mon cœur ne sçau-
roit se guerir, [grir.
Et les soins qu'on en prend ne font rien que l'ai-
A quelques faux respects croit-il que je defere ?
Non, non, il a poussé trop avant ma colere ;
Et son vain repentir qui porte icy vos pas,
Sollicite un pardon que vous n'obtiendrez pas.

D. ALVAR.

Madame, il fait pitié, jamais cœur que je pense,
Par un plus vif remors n'expia son offence ;
Et si dans sa douleur vous le consideriez,
Il toucheroit vostre ame, & vous l'excuseriez.
On sçait bien que le Prince est dans un âge à sui-
   vre
Les premiers mouvemens, où son ame se livre,
Et qu'en un sang boüillant, toutes les passions
Ne laissent guere place à des reflexions.

Dom Lope prévenu d'une fausse lumiere,
De l'erreur de son Maistre, a fourni la matière;
Un bruit assez confus, dont le zele indiscret,
A de l'abord du Comte eventé le secret.
Vous avoit mise aussi de cette intelligence,
Qui dans ces lieux gardez a donné sa presence;
Le Prince a creu l'avis, & son amour seduit,
Sur une fausse allarme a fait tout ce grand bruit;
Mais d'une telle erreur son ame est revenuë,
Vostre innocence, enfin, luy vient d'estre connuë,
Et D. Lope, qu'il chasse, est un visible effet,
Du vif remords qu'il sent de l'éclat qu'il a fait.
D. ELUIRE.
Ah! c'est trop promptement qu'il croit mon innocence,
Il n'en a pas encor une entiere assurance;
Dites-luy, dites-luy, qu'il doit bien tout peser,
Et ne se haster point, de peur de s'abuser.
D. ALVAR.
Madame, il sçait trop bien....
D. ELUIRE.
Mais, D. Alvar, de grace,
N'étendons pas plus loin un discours qui me lasse,
Il réveille un chagrin qui vient à contre-temps,
En troubler dans mon cœur d'autres plus importans. [presse;
Oüy, d'un trop grand mal-heur la surprise me
Et le bruit du trépas de l'illustre Comtesse,
Doit s'emparer si bien de tout mon déplaisir,
Qu'aucun autre soucy n'a droit de me saisir.
D. ALVAR.
Madame, ce peut estre une fausse nouvelle,
Mais mon retour au Prince, en porte une cruelle.
D. ELUIRE.
De quelque grand ennuy qu'il puisse estre agité,
Il en aura toujours moins qu'il n'a merité.

COMEDIE.

SCENE II.
D. ELUIRE, ELISE.

ELISE.

J'Attendois qu'il sortist, Madame, pour vous dire,
Ce qu'il veut maintenant que vostre ame respire,
Puisque vostre chagrin dans un moment d'icy,
Du sort de Done Ignés peut se voir éclaircy.
Un inconnu qui vient pour cette confidence,
Vous fait par un des siens demander audience.

D. ELUIRE.
Elise, il faut le voir, qu'il vienne promptement.

ELISE.
Mais il veut n'estre veu que de vous seulement,
Et par cet Envoyé, Madame, il sollicite,
Qu'il puisse sans témoins vous rendre sa visite.

D. ELUIRE.
Hé, bien nous serons seuls, & je vais l'ordonner,
Tandis que tu prendras le soin de l'amener;
Que mon impatience en ce moment est forte !
O ! destins, est-ce joye, ou douleur qu'on m'apporte ?

SCENE III.

D. PEDRE, ELISE.

ELISE.

Ou...

D. PEDRE.
Si vous me cherchez, Madame, me voicy.
ELISE.
En quel lieu vostre Maistre...
D. PEDRE.
Il est proche d'icy,
Le feray-je venir ?
ELISE.
Dites-luy qu'il s'avance,
Asseuré qu'on l'attend avec impatience,
Et qu'il ne se verra d'aucuns yeux éclairé ;
Je ne sçay quel secret en doit estre auguré,
Tant de précautions qu'il affecte de prendre...
Mais le voicy déja.

SCENE IV.

D. IGNES, ELISE.

ELISE.

SEigneur, pour vous attendre
On a fait... Mais que voy-je, ha ! Madame,
 mes yeux.
    D. IGNES *en habit de Cavalier.*
Ne me découvrez point, Elise, dans ces lieux,
Et laissez respirer ma triste destinée,
Sous une feinte mort, que je me suis donnée.
C'est elle qui m'arrache à tous mes fiers Tyrans,
Car je puis sous ce nom comprendre mes parens ;
J'ay par elle évité cet Hymen redoutable,
Pour qui j'aurois souffert une mort veritable ;
Et sous cet équipage, & le bruit de ma mort,
Il faut cacher à tous le secret de mon sort,
Pour me voir à l'abry de l'injuste poursuite,
Qui pourroit dans ces lieux persecuter ma fuite.
ELISE.
Ma surprise en public eut trahi vos desirs,
Mais allez là dedans étouffer des soûpirs ;
Et des charmans transports d'une pleine alle-
 gresse,
Saisir à vostre aspect le cœur de la Princesse ;
Vous la trouverez seule, elle mesme a pris soin
Que vostre abord fust libre, & n'eust aucun té-
 moin ;
Vois-je pas D. Alvar ?

SCENE V.

D. ALVAR, ELISE.

D. ALVAR.

LE Prince me renvoye,
Vous prier que pour luy vostre credit s'employe,
De ses jours, belle Elise, on doit n'esperer rien,
S'il n'obtient par vos soins un moment d'entre-
tien,
Son ame a des transports... Mais le voicy luy-
mesme.

SCENE VI.

D. GARCIE, D. ALVAR, ELISE.

D. GARCIE.

AH, sois un peu sensible à ma disgrace ex-
trême,
Elise, & prend pitié d'un cœur infortuné,
Qu'aux plus vives douleurs tu vois abandonné.
ELISE.
C'est avec d'autres yeux que ne fait la Princesse,
Seigneur, que je verrois le tourment qui vous
presse ;
Mais nous avons du Ciel, ou du temperament,
Que nous jugeons de tout chacun diversement.

COMEDIE.

Et puis qu'elle vous blâme, & que sa fantaisie,
Luy fait un monstre affreux de vostre jalousie ;
Je serois complaisant, & voudrois m'efforcer
De cacher à ses yeux, ce qui peut les blesser.
Un Amant suit sans doute une utile methode,
S'il fait qu'à nostre humeur la sienne s'accom-
   mode,
Et cent devoirs font moins que ces ajustemens,
Qui font croire en deux cœurs les mesmes sen-
   timens.
L'art de ces deux rapports fortement les assemble,
Et nous n'aymons rien tant, que ce qui nous
   ressemble.

D. GARCIE.

Je le sçay, mais helas ! les destins inhumains,
S'opposent à l'effet de ces justes desseins ; [tendre
Et malgré tous mes soins viennent toûjours me
Un piege, dont mon cœur ne sçauroit se défendre,
Ce n'est pas que l'ingrate aux yeux de mon Rival,
N'ait fait contre mes feux un aveu trop fatal,
Et témoigné pour luy des excez de tendresse,
Dont le cruel objet me reviendra sans cesse :
Mais comme trop d'ardeur, enfin, m'avoit séduit,
Quãd j'ay creu qu'en ces lieux elle l'ait introduit,
D'un trop cuisant ennuy je sentirois l'atteinte,
A luy laisser sur moy quelque sujet de plainte.
Oüy, je veux faire au moins, si je m'en vois quitté,
Que ce soit de son cœur pure infidelité ;
Et venant m'excuser d'un trait de promptitude,
Dérober tout pretexte à son ingratitude.

ELISE.

Laissez un peu de temps à son ressentiment,
Et ne la voyez point, Seigneur, si promptement.

D. GARCIE.

Ah ! si tu me cheris, obtiens que je la voye,
C'est une liberté qu'il faut qu'elle m'octroye,

DOM GARCIE DE NAVARRE,

Je ne pars point d'icy qu'au moins son fier dédain.
ELISE.
De grace differez l'effet de ce dessein.
D. GARCIE.
Non, ne m'oppose point une excuse frivole.
ELISE.
Il faut que ce soit elle, avec une parole,
Qui trouve les moyens de le faire en aller,
Demeurez donc, Seigneur, je m'en vais luy parler.
D. GARCIE.
Dy-luy, que j'ay d'abord banny de ma presence,
Celuy dont les avis ont causé mon offence,
Que D. Lope jamais....

SCENE VII.

D. GARCIE, D. ALVAR.

D. GARCIE.

QUe vois-je ! ô justes Cieux,
Faut-il que je m'assure au rapport de mes yeux ?
Ah ! sans doute ils me sont des témoins trop fidelles ;
Voila le comble affreux de mes peines mortelles.
Voicy le coup fatal qui devoit m'accabler,
Et quand par des soupçons je me sentois troubler,
C'estoit, c'estoit le Ciel, dont la sourde menace
Presageoit à mon cœur cette horrible disgrace.
D. ALVAR.
Qu'avez-vous veu, Seigneur, qui vous puisse émouvoir ?

COMEDIE.
D. GARCIE.
J'ay veu ce que mon ame a peine à concevoir,
Et le renversement de toute la nature
Ne m'étonneroit pas comme cette avanture;
C'en est fait... le destin... je ne sçaurois parler.
D. ALVAR.
Seigneur, que vostre esprit tâche à se rapeller.
D. GARCIE.
J'ay veu... vangeance, ô Ciel!
D. ALVAR.
Quelle atteinte soudaine..?
D. GARCIE.
J'en mourray, D. Alvar, la chose est bien certaine.
D. ALVAR.
Mais, Seigneur, qui pourroit...
D. GARCIE.
Ah! tout est ruiné,
Je suis, je suis trahi, je suis assassiné;
Un homme, sans mourir te le puis-je bien dire,
Un homme dans les bras de l'infidelle Eluire?
D. ALVAR.
Ah! Seigneur, la Princesse est vertueuse au point.
D. GARCIE.
Ah! sur ce que j'ay veu, ne me contestez point.
D. Alvar, c'en est trop que soûtenir sa gloire,
Lorsque mes yeux font foy d'une action si noire.
D. ALVAR.
Seigneur, nos passions nous font prendre souvent
Pour chose veritable un objet décevant;
Et de croire qu'une ame à la vertu nourrie,
Se puisse...
D. GARCIE.
D. Alvar, laissez-moy je vous prie,
Un Conseiller me choque en cette occasion,
Et je ne prens avis que de ma passion.

D. ALVAR.

Il ne faut rien répondre à cet esprit farouche.

D. GARCIE.

Ah ! que sensiblement cette atteinte me touche,
Mais il faut voir qui c'est, & de ma main punir.
La voicy, ma fureur, te peux-tu retenir ?

SCENE VIII.

D. ELUIRE, D. GARCIE, D. ALVAR.

D. ELUIRE.

Hé, bien que voulez-vous, & quel espoir, de grace,
Aprés vos procedez peut flater vostre audace ?
Osez-vous à mes yeux encor vous presenter,
Et que me direz-vous que je doive écouter ?

D. GARCIE.

Que toutes les horreurs, dont une ame est capable
A vos déloyautez n'ont rien de comparable,
Que le sort, les demons, & le Ciel en courroux,
N'ont jamais rien produit de si méchant que vous.

D. ELUIRE.

Ah ! vrayment j'attendois l'excuse d'un outrage,
Mais à ce que je vois, c'est un autre langage.

D. GARCIE.

Oüy, oüy, c'en est un autre, & vous n'attendiez pas
Que j'eusse découvert le traitre dans vos bras,
Qu'un funeste hasard par la porte entr'ouverte,
Eust offert à mes yeux vostre honte, & ma perte.
Est-ce l'heureux Amant sur ses pas revenu,
Ou quelque autre Rival qui m'estoit inconnu ?

COMEDIE. 63

O Ciel ! donne à mon cœur des forces suffisantes
Pour pouvoir supporter des douleurs si cuisantes,
Rougissez maintenant, vous en avez raison,
Et le masque est levé de vostre trahison.
Voilà ce que marquoient les troubles de mon ame,
Ce n'estoit pas en vain que s'allarmoit ma flame ;
Par ces frequens soupçons qu'on trouvoit odieux,
Je cherchois le mal-heur qu'ont rencontré mes yeux.
Et malgré tous vos soins, & vostre adresse à feindre,
Mon astre me disoit ce que j'avois à craindre ;
Mais ne presumez pas que sans estre vangé,
Je souffre le dépit de me voir outragé.
Je sçay que sur les vœux on n'a point de puissance,
Que l'amour veut par tout naistre sans dépendance,
Que jamais par la force on n'entra dans un cœur,
Et que toute ame est libre à nômer son vainqueur:
Aussi ne trouverois-je aucun sujet de plainte,
Si pour moy vostre bouche avoit parlé sans feinte,
Et son arrest livrant mon espoir à la mort,
Mon cœur n'auroit eu droit de s'en prendre qu'au sort.
Mais d'un aveu trompeur voir ma flâme applaudie,
C'est une trahison, c'est une perfidie,
Qui ne sçauroit trouver de trop grands châtimens,
Et je puis tout permettre à mes ressentimens ;
Non, non, n'esperez rien aprés un tel outrage,
Je ne suis plus à moy, je suis tout à la rage,
Trahy de tous costez, mis dans un triste estat,
Il faut que mon amour se vange avec éclat,
Qu'icy j'immole tout à ma fureur extrême,
Et que mon desespoir acheve par moy-mesme.

D. ELUIRE.
Assez paisiblement vous a-t-on écouté,
Et pourray-je à mon tour parler en liberté ?

D. GARCIE.
Et par quels beaux discours que l'artifice inspire....
D. ELUIRE.
Si vous avez encor quelque chose à me dire,
Vous pouvez l'ajoûter, je suis preste à l'oüir,
Sinon faites au moins que je puisse joüir
De deux, ou trois momens de paisible audience.
D. GARCIE.
Hé, bien j'écoûte, ô Ciel, quelle est ma patience !
D. ELUIRE.
Je force ma colere, & veux sans nulle aigreur,
Répondre à ce discours si rempli de fureur.
D. GARCIE.
C'est que vous voyez bien......
D. ELUIRE.
Ah ! j'ay presté l'oreille,
Autant qu'il vous a pleu rendez-moy la pareille;
J'admire mon destin, & jamais sous les Cieux,
Il ne fut rien, je croy, de si prodigieux,
Rien dont la nouveauté soit plus inconcevable,
Et rien que la raison rende moins supportable.
Je me vois un Amant, qui sans se rebuter
Applique tous ses soins à me persecuter,
Qui dans tout cet amour que sa bouche m'expri-
Ne conserve pour moy nul sentiment d'estime, [me,
Rien au fond de ce cœur qu'ont pû blesser mes
 yeux,
Qui fasse droit au sang que j'ay receu des Cieux.
Et de mes actions défende l'innocence
Contre le moindre effort d'une fausse apparence.
Oüy, je vois...... ah ! sur tout ne m'interrompez
 point,
Je vois, dis-je, mon sort mal-heureux à ce point,
Qu'un cœur qui dit qu'il m'ayme, & qui doit
 faire croire,
Que quand tout l'Univers douteroit de ma gloire,

COMEDIE.

Il voudroit contre tous en estre le garant,
Est celuy qui s'en fait l'ennemy le plus grand.
On ne voit échaper aux soins que prend sa flâme
Aucune occasion de soupçonner mon ame ;
Mais c'est peu des soupçons, il en fait des éclats,
Que sans estre blessé l'amour ne souffre pas.
Loin d'agir en Amant, qui plus que la mort mesme,
Apprehende toûjours d'offencer ce qu'il ayme,
Qui se plaint doucement, & cherche avec respect
A pouvoir s'éclaircir de ce qu'il croit suspect.
A toute extremité dans ses doutes il passe,
Et ce n'est que fureur, qu'injure, & que menace ;
Cependant aujourd'huy je veux fermer les yeux
Sur tout ce qui devroit me le rendre odieux,
Et luy donner moyen par une bonté pure
De tirer son salut d'une nouvelle injure.
Ce grand emportement qu'il m'a falu souffrir,
Part de ce qu'à vos yeux le hazard vient d'offrir,
J'aurois tort de vouloir démentir vostre veuë,
Et vostre ame sans doute a dû paroistre émeuë.

D. GARCIE.

Et n'est-ce pas.....

D. ELUIRE.

Encor un peu d'attention,
Et vous allez sçavoir ma resolution.
Il faut que de nous deux le destin s'accomplisse,
Vous estes maintenant sur un grand precipice,
Et ce que vostre cœur pourra déliberer,
Va vous y faire choir, ou bien vous en tirer.
Si malgré cet objet qui vous a pû surprendre,
Prince, vous me rendez ce que vous devez rendre,
Et ne demandez point d'autre preuve que moy
Pour condáner l'erreur du trouble où je vous voy.
Si de vos sentimens la prompte déférance,
Veut sur ma seule foy croire mon innocence,

DOM GARCIE DE NAVARRE;

Et de tous vos soupçons démentir le credit, [dit;
Pour croire aveuglement ce que mon cœur vous
Cette soûmission, cette marque d'estime,
Du passé dans ce cœur efface tout le crime.
Je retracte à l'instant, ce qu'un juste courroux
M'a fait dans la chaleur prononcer contre-vous ;
Et si je puis un jour choisir ma destinée,
Sans choquer les devoirs du rang où je suis née,
Mon honneur satisfait par ce respect soudain
Promet à vostre amour, & mes vœux, & ma main;
Mais prestez bien l'oreille, à ce que je vais dire,
Si cet offre sur vous obtient si peu d'empire,
Que vous me refusiez de me faire entre nous
Un sacrifice entier de vos soupçons jaloux ;
S'il ne vous suffit pas de toute l'assurance
Que vous peuvent donner mon cœur, & ma
  naissance,
Et que de vostre esprit les ombrages puissans,
Forcent mon innocence à convaincre vos sens,
Et porter à vos yeux l'éclatant témoignage
D'une vertu sincere à qui l'on fait outrage :
Je suis preste à le faire, & vous serez content,
Mais il vous faut de moy détacher à l'instant,
A mes vœux pour jamais renoncer de vous même,
Et j'atteste du Ciel la puissance suprême,
Que quoy que le destin puisse ordonner de nous,
Je choisiray plûtost d'estre à la mort qu'à vous ;
Voilà dans ces deux choix dequoy vous satisfaire,
Avisez maintenant celuy qui peut vous plaire.

D. GARCIE.

Juste Ciel ! jamais rien peut-il estre inventé
Avec plus d'artifice, & de déloyauté ?
Tout ce que des Enfers la malice étudie,
A-t'il rien de si noir que cette perfidie,
Et peut-elle trouver dans toute sa rigueur
Un plus cruel moyen d'embarasser un cœur ?

Ah ! que vous sçavez bien, icy contre moy-
  mesme,
Ingrate, vous servir de ma foiblesse extrême,
Et ménager pour vous l'effort prodigieux
De ce fatal amour né de vos traistres yeux,
Parce qu'on est surprise, & qu'on manque d'excuse,
D'un offre de pardon on emprunte la ruse,
Vostre feinte douceur forge un amusement,
Pour divertir l'effet de mon ressentiment;
Et par le nœud subtil du choix qu'elle embarasse,
Veut soustraire un perfide au coup qui le menace,
Oüy, vos dexteritez veulent me détourner
D'un éclaircissement qui vous doit condamner ;
Et vostre ame feignant une innocence entiere
Ne s'offre à m'en donner une pleine lumiere,
Qu'à des conditions, qu'aprés d'ardans soûhaits,
Vous pensez que mon cœur n'acceptera jamais ;
Mais vous serez trompée en me croyant surpren-
  dre, [fendre,
Oüy, oüy, je pretends voir ce qui doit vous dé-
Et quel fameux prodige accusant ma fureur,
Peut de ce que j'ay veu justifier l'horreur.

D. ELUIRE.

Songez que par ce choix vous allez vous prescrire
De ne plus rien pretédre au cœur de Done Eluire.

D. GARCIE.

Soit, je souscris à tout, & mes vœux aussi bien,
En l'estat où je suis ne pretendent plus rien.

D. ELUIRE.

Vous vous repentirez de l'éclat que vous faites.

D. GARCIE.

Non, non, tous ces discours sont de vaines défaites,
Et c'est moy bien plûtost qui dois vous avertir,
Que quelqu'autre dans peu se pourra repentir ;
Le traistre, quel qu'il soit, n'aura pas l'avantage,
De dérober sa vie à l'effort de ma rage.

E iij

DOM GARCIE DE NAVARRE,

D. ELUIRE.
Ah ! c'est trop en souffrir, & mon cœur irrité
Ne doit plus conserver une sotte bonté ;
Abandonnons l'ingrat à son propre caprice,
Et puis qu'il veut perir, consentons qu'il perisse;
Elise..... A cet éclat vous voulez me forcer,
Mais je vous apprendray que c'est trop m'offenser.
Elise entre.
Faites un peu sortir la personne cherie.....
Allez, vous m'entendez, dites que je l'en prie.

D. GARCIE.
Et je puis.....

D. ELUIRE.
Attendez vous serez satisfait.

ELISE.
Voicy de son jaloux sans doute un nouveau trait.

D. ELUIRE.
Prenez garde qu'au moins cette noble colere,
Dans la mesme fierté, jusqu'au bout persevere;
Et sur tout desormais songez bien à quel prix
Vous avez voulu voir vos soupçons éclaircis.
Voicy, graces au Ciel, ce qui les a fait naistre,
Ces soupçons obligeans que l'on me fait paroistre,
Voyez bien ce visage, & si de Done Ignés,
Vos yeux au mesme instant n'y connoissent les traits.

COMEDIE.

SCENE IX.

D. GARCIE, D. ELUIRE, D. IGNES,
D. ALVAR, ELISE.

D. GARCIE.

O Ciel !

D. ELUIRE.

Si la fureur dont voſtre ame eſt émeuë,
Vous trouble juſques-là l'uſage de la veuë,
Vous avez d'autres yeux à pouvoir conſulter,
Qui ne vous laiſſeront aucun lieu de douter.
Sa mort eſt une adreſſe au beſoin inventée
Pour fuïr l'autorité qui l'a perſecutée,
Et ſous un tel habit elle cachoit ſon ſort
Pour mieux joüir du fruit de cette feinte mort.
Madame, pardonnez, s'il faut que je conſente
A trahir vos ſecrets, & tromper voſtre attente ;
Je me vois expoſée à ſa temerité,
Toutes mes actions n'ont plus de liberté,
Et mon honneur en butte aux ſoupçons qu'il peut
  prendre,
Eſt reduit à toute heure aux ſoins de ſe défendre.
Nos doux embraſſemens qu'a ſupris ce jaloux,
De cent indignitez m'ont fait ſouffrir les coups.
Oüy, voilà le ſujet d'une fureur ſi prompte,
Et l'aſſuré témoin qu'on produit de ma honte ;
Joüiſſez à cette heure en Tyran abſolu
De l'éclairciſſement que vous avez voulu ;
Mais ſçachez que j'auray ſans ceſſe la memoire
De l'outrage ſanglant qu'on a fait à ma gloi-
  re,

F iij

Et si je puis jamais oublier mes sermens,
Tombent sur moy du Ciel les plus grands châti-
 mens,
Qu'un tonnerre éclatant mette ma teste en poudre,
Lors qu'à souffrir vos feux je pourray me resoudre.
Allons, Madame, allons, ostons nous de ces lieux,
Qu'infectent les regards d'un monstre furieux,
Fuyons-en promptement l'atteinte envenimée,
Evitons les effets de sa rage animée,
Et ne faisons des vœux dans nos justes desseins,
Que pour nous voir bien-tost affranchir des ses
 mains.

D. IGNES.
Seigneur, de vos soupçons l'injuste violence,
A la mesme vertu vient de faire une offence.

D. GARCIE.
Quelles tristes clartez dissipent mon erreur,
Envelopent mes sens d'une profonde horreur,
Et ne laissent plus voir à mon ame abatuë,
Que l'effroyable objet d'un remords qui me tuë !
Ah ! D. Alvar, je voy que vous avez raison,
Mais l'Enfer dans mon cœur a souflé son poison ;
Et par un trait fatal d'une rigueur extrême,
Mon plus grand ennemy se rencontre en moy-
 mesme.
Que me sert-il d'aimer du plus ardent amour,
Qu'une ame consumée ait jamais mis au jour,
Si par ses mouvemens qui font toute ma peine ?
Cet amour à tous coups se rend digne de hayne,
Il faut, il faut vanger par mon juste trépas
L'outrage que j'ay fait à ses divins appas ;
Aussi bien quel conseil aujourd'huy puis-je sui-
 vre ?
Ah ! j'ay perdu l'objet, pour qui j'aymois à vivre,
Si j'ay pû renoncer à l'espoir de ses vœux,
Renoncer à la vie, est beaucoup moins fâcheux.

COMEDIE.
D. ALVAR.
Seigneur.
D. GARCIE.
Non, D. Alvar, ma mort est necessaire,
Il n'est soins, ny raisons qui m'en puissent distraire ;
Mais il faut que mon sort en se precipitant
Rende à cette Princesse un service éclatant.
Et je veux me chercher dans cette illustre envie
Les moyens glorieux de sortir de la vie,
Faire par un grand coup qui signale ma foy,
Qu'en expirant pour elle, elle ait regret à moy,
Et qu'elle puisse dire en se voyant vangée,
C'est par son trop d'amour qu'il m'avoit outragée.
Il faut que de ma main un illustre attentat
Porte une mort trop deuë au sein de Mauregat,
Que j'aille prevenir par une belle audace,
Le coup, dont la Castille avec bruit le menace,
Et j'auray des douceurs dans mon instant fatal,
De ravir cette gloire, à l'espoir d'un Rival.
D. ALVAR.
Un service, Seigneur, de cette consequence
Auroit bien le pouvoir d'effacer vostre offence ;
Mais hazarder......
D. GARCIE.
Allons par un juste devoir,
Faire à ce noble effort servir mon desespoir.

Fin du quatriéme Acte.

ACTE V.

SCENE PREMIERE.

D. ALVAR, ELISE.

D. ALVAR.

OUY, jamais il ne fut de si rude surprise,
Il venoit de former cette haute entreprise,
A l'avide desir d'immoler Mauregat,
De son prompt desespoir il tournoit tout l'éclat.
Ses soins precipitez vouloient à son courage,
De cette juste mort assurer l'avantage,
Y chercher son pardon, & prevenir l'ennuy,
Qu'un Rival partageast cette gloire avec luy.
Il sortoit de ces murs, quand un bruit trop fidele,
Est venu luy porter la fâcheuse nouvelle,
Que ce mesme Rival qu'il vouloit prevenir,
A remporté l'honneur qu'il pensoit obtenir ;
L'a prevenu luy-mesme, en immolant le traistre,
Et poussé dans ce jour, Dom Alphonse à paroistre,
Qui d'un si prompt succés va goûter la douceur,
Et vient prendre en ces lieux la Princesse sa sœur ;
Et ce qui n'a pas peine à gagner la croyance,
On entend publier que c'est la recompence,

Dont

Dont il pretend payer le service éclatant
Du bras qui luy fait jour, au Throsne qui l'attend?
ELISE.
Oüy, Done Eluire a sçeu ces nouvelles semées,
Et du vieux Dom Loüis, les trouve confirmées.
Qui vient de luy mander, que Leon dans ce jour,
De Dom Alphonse, & d'elle, attend l'heureux retour,
Et que c'est-là qu'on doit, par un revers prospere,
Luy voir prendre un époux de la main de ce Frere;
Dans ce peu qu'il en dit, il donne assez à voir,
Que Dom Sylve est l'époux qu'elle doit recevoir.
D. ALVAR.
Ce coup au cœur du Prince....
ELISE.
    Est sans doute bien rude,
Et je le trouve à plaindre en son inquietude,
Son interest pourtant, si j'en ay bien jugé,
Est encor cher au cœur qu'il a tant outragé;
Et je n'ay point connu, qu'à ce succés qu'on vante,
La Princesse ait fait voir une ame fort contente,
De ce Frere qui vient, & de la lettre aussi,
Mais....

SCENE II.

D. ELUIRE, D. ALVAR, ELISE, D. IGNES.

D. ELUIRE.

Faites Dom Alvar venir le Prince icy,
Souffrez que devant vous je luy parle, Madame,
Sur cet évenement, dont on surprend mon ame.

Et ne m'accusez point d'un trop prompt changement,
Si je perds contre luy tout mon ressentiment.
Sa disgrace impreveuë a pris droit de l'éteindre,
Sans luy laisser ma haine, il est assez à plaindre,
Et le Ciel qui l'expose à ce trait de rigueur,
N'a que trop bien servi les sermens de mon cœur.
Un éclatant arrest de ma gloire outragée,
A jamais n'estre à luy me tenoit engagée;
Mais quand par les destins il est executé,
J'y vois pour son amour trop de severité;
Et le triste succés de tout ce qu'il m'adresse
M'efface son offence, & luy rend ma tendresse.
Oüy, mon cœur trop vangé par de si rudes coups,
Laisse à leur cruauté desarmer son courroux,
Et cherche maintenant par un soin pitoyable
A consoler le sort d'un Amant miserable;
Et je croy que sa flâme a bien pû meriter
Cette compassion que je luy veux prester.

D. IGNES.

Madame, on auroit tort de trouver à redire
Aux tendres sentimens qu'on voit qu'il vous inspire,
Ce qu'il a fait pour vous... Il vient, & sa pâleur,
De ce coup surprenant marque assez la douleur.

SCENE III.

D. GARCIE, D. ELUIRE, D. IGNES, ELISE.

D. GARCIE.

Madame, avec quel front faut-il que je m'avance,
Quand je viens vous offrir l'odieuse presence

COMEDIE.
D. ELUIRE.

Prince, ne parlons plus de mon ressentiment,
Vostre sort dans mon ame a fait du changement,
Et par le triste estat où sa rigueur vous jette,
Ma colere est éteinte, & nostre paix est faite.
Oüy, bien que vostre amour ait merité les coups,
Que fait sur luy du Ciel éclater le courroux;
Bien que ses noirs soupçons ayent offencé ma gloire,
Par des indignitez qu'on auroit peine à croire;
J'avoüeray toutefois que je plains son mal-heur,
Jusqu'à voir nos succés avec quelque douleur;
Que je hay les faveurs de ce fameux service,
Lors qu'on veut de mon cœur luy faire un sacrifice,
Et voudrois bien pouvoir racheter les momens,
Où le sort contre vous n'armoit que mes sermens,
Mais, enfin, vous sçavez comme nos destinées,
Aux interests publics sont toûjours enchaînées,
Et que l'ordre des Cieux pour disposer de moy,
Dans mon Frere qui vient, me va montrer mon Roy.
Cedez comme moy, Prince, à cette violence,
Où la grandeur soûmet celles de ma naissance;
Et si de vostre amour les déplaisirs sont grands,
Qu'il se fasse un secours de la part que j'y prends
Et ne se serve point contre un coup qui l'étonne
Du pouvoir qu'en ces lieux vostre valeur vous donne;
Ce vous seroit sans doute un indigne transport
De vouloir dans vos maux luter contre le sort.
Et lors que c'est en vain qu'on s'oppose à sa rage,
La soûmission prompte est grandeur de courage,
Ne resistez donc point à ses coups éclatans,
Ouvrez les murs d'Astorgue au Frere que j'attends.

G ij

Laissez-moy rendre aux droits qu'il peut sur moy
 pretendre,
Ce que mon triste cœur a resolu de rendre ;
Et ce fatal hommage, où mes vœux sont forcez
Peut-estre n'ira pas si loin que vous pensez.
D. GARCIE.
C'est faire voir, Madame, une bonté trop rare,
Que vouloir adoucir le coup qu'on me prepare,
Sur moy sans de tels soins vous pouvez laisser
 cheoir
Le foudre rigoureux de tout vostre devoir.
En l'estat où je suis, je n'ay rien à vous dire,
J'ay merité du sort tout ce qu'il a de pire,
Et je sçay, quelques maux qu'il me faille endurer,
Que je me suis osté le droit d'en murmurer.
Par où pourrois-je, helas ! dans ma vaste disgrace,
Vers vous de quelque plainte authoriser l'audace,
Mon amour s'est rendu mille fois odieux,
Il n'a fait qu'outrager vos attraits glorieux :
Et lors que par un juste, & fameux sacrifice,
Mon bras à vostre sang cherche à rendre un ser-
 vice,
Mon astre m'abandonne au déplaisir fatal,
De me voir prevenu par le bras d'un Rival.
Madame, aprés cela je n'ay rien à pretendre,
Je suis digne du coup que l'on me fait attendre,
Et je le vois venir, sans oser contre luy,
Tenter de vostre cœur le favorable appuy.
Ce qui peut me rester dâs mon mal-heur extrême,
C'est de chercher alors mon remede en moy-
 mesme,
Et faire que ma mort propice à mes desirs,
Affranchisse mon cœur de tous ses déplaisirs.
Oüy, bien-tost dans ces lieux, Dom Alphonse
 doit estre,
Et déja mon Rival commence de paroistre.

De Leon vers ces murs, il semble avoir volé,
Pour recevoir le prix du Tyran immolé ;
Ne craignez point du tout qu'aucune resistance
Fasse valoir icy ce que j'ay de puissance,
Il n'est effort humain que pour vous conserver,
Si vous y consentiez, je ne pusse braver ;
Mais ce n'est pas à moy, dont on hait la memoire,
A pouvoir esperer cet aveu plein de gloire,
Et je ne voudrois pas par des efforts trop vains
Jetter le moindre obstacle à vos justes desseins.
Non, je ne contrains point vos sentimēs, Madame,
Je vais en liberté laisser toute vostre ame,
Ouvrir les murs d'Astorgue à cet heureux vainqueur,
Et subir de mon sort la derniere rigueur.

SCENE IV.

D. ELUIRE, D. IGNES, ELISE.

D. ELUIRE.

MAdame, au desespoir où son destin l'expose,
De tous mes déplaisirs n'imputez pas la cause, [cœur
Vous me rendrez justice, en croyant que mon
Fait de vos interests sa plus vive douleur,
Que bien plus que l'amour l'amitié m'est sensible,
Et que si je me plains d'une disgrace horrible,
C'est de voir que du Ciel le funeste couroux
Ait pris chez moy les traits qu'il lance côtre vous,
Et rendu mes regards coupables d'une flâme,
Qui traite indignement les bontez de vostre ame.

G iij

D. IGNES.

C'est un évenement, dont sans doute vos yeux
N'ont point pour moy, Madame, à quereller les
  Cieux ;
Si les foibles attraits qu'étale mon visage,
M'exposoient au destin de souffrir un volage,
Le Ciel ne pouvoit mieux m'adoucir de tels coups,
Quand pour m'oster ce cœur, il s'est servi de vous,
Et mon front ne doit point rougir d'une incons-
  tance
Qui de vos traits aux miens marque la difference.
Si pour ce changement je pousse des soûpirs,
Ils viennent de le voir fatal à vos desirs ;
Et dans cette douleur que l'amitié m'excite,
Je m'accuse pour vous de mon peu de merite,
Qui n'a pû retenir un cœur, dont les tributs
Causent un si grand trouble à vos vœux combatus.

D. ELUIRE.

Accusez-vous plûtost de l'injuste silence,
Qui m'a de vos deux cœurs caché l'intelligence,
Ce secret plûtost sçeu, peut-estre à toutes deux
Nous auroit épargné des troubles si fâcheux ;
Et mes justes froideurs des desirs d'un volage,
Au point de leur naissance, ayant banny l'hom-
  mage,
Eussent pû renvoyer....

D. IGNES.
                      Madame, le voicy.

D. ELUIRE.

Sans rencontrer ses yeux vous pouvez estre icy,
Ne sortez point, Madame, & dans un tel mar-
  tyre,
Veüillez estre témoin de ce que je vais dire.

D. IGNES.

Madame, j'y consens, quoy que je sçache bien,
Qu'on fuiroit en ma place un pareil entretien.

COMEDIE. 71
D. ELUIRE.
Son succez, si le Ciel seconde ma pensée,
Madame, n'aura rien, dont vous soyez blessée.

SCENE V.

D. SYLVE, D. ELUIRE, D. IGNES.

D. ELUIRE.

Avant que vous parliez je demande instam-
    ment,   [ment,
Que vous daigniez, Seigneur, m'écoûter un mo-
Déja la renommée a jusqu'à nos oreilles
Porté de vostre bras les soudaines merveilles;
Et j'admire avec tous, comme en si peu de temps,
Il donne à nos destins ces succés éclatans.
Je sçay bien qu'un bien-fait de cette consequence
Ne sçauroit demander trop de reconnoissance,
Et qu'on doit toute chose à l'exploit immortel
Qui replace mon Frere au Throsne paternel.
Mais quoy que de son cœur vous offre les hom-
    mages,
Usez en genereux de tous vos avantages,
Et ne permettez pas que ce coup glorieux
Jette sur moy, Seigneur, un joug imperieux.
Que vostre amour qui sçait quel interest m'a-
S'obstine à triompher d'un refus legitime, [nime,
Et veüille que ce Frere, où l'on va m'exposer
Commence d'estre Roy pour me tyranniser.
Leon a d'autres prix, dont en cette occurance,
Il peut mieux honorer vostre haute vaillance;
Et c'est à vos vertus faire un present trop bas,
Que vous donner un cœur qui ne se donne pas.

G iiij

Peut-on estre jamais satisfait en soy-mesme,
Lors que par la contrainte on obtient ce qu'on ayme,
C'est un triste avantage, & l'Amant genereux
A ces conditions refuse d'estre heureux ;
Il ne veut rien devoir à cette violence [sance,
Qu'exercent sur nos cœurs les droits de la naif-
Et pour l'objet qu'il ayme est toûjours trop zelé,
Pour souffrir qu'en victime il luy soit immolé ;
Ce n'est pas que ce cœur au merite d'un autre
Pretende reserver ce qu'il refuse au vostre :
Non, Seigneur, j'en répons, & vous donne ma foy
Que personne jamais n'aura pouvoir sur moy ;
Qu'une sainte retraite à toute autre poursuite....

D. SYLVE.

J'ay de vostre discours assez souffert la suite,
Madame, & par deux mots je vous l'eusse épargné,
Si vostre fausse allarme eut sur vous moins gagné.
Je sçay qu'un bruit commun qui par tout se fait croire,
De la mort du Tyran me veut donner la gloire ;
Mais le seul Peuple, enfin, comme on nous fait sçavoir,
Laissant par Dom Loüis échaufer son devoir,
A remporté l'honneur de cet acte heroïque, [que
Dont mon nom est chargé par la rumeur publi-
Et ce qui d'un tel bruit a fourny le sujet,
C'est que pour appuyer son illustre projet,
Dom Loüis fit semer par une feinte utile,
Que secondé des miens j'avois saisi la Ville,
Et par cette nouvelle il a poussé les bras,
Qui d'un usurpateur ont hasté le trépas.
Par son zele prudent il a sçeu tout conduire,
Et c'est par un des siens qu'il viet de m'en instruire;
Mais dans le mesme instant un secret m'est appris
Qui va vous étonner autant qu'il m'a surpris.

COMEDIE.

Vous attendez un Frere, & Leon son vray Maître,
A vos yeux maintenant le Ciel le fait paroistre.
Oüy, je suis Dom Alphonse, & mon sort conservé,
Et sous le nom du sang de Castille élevé,
Est un fameux effet de l'amitié sincere,
Qui fut entre son Prince, & le Roy nostre Pere.
Dom Loüis du secret a toutes les clartez,
Et doit aux yeux de tous prouver ces veritez.
D'autres soins maintenant occupent ma pensée,
Non, qu'à vostre sujet elle soit traversée,
Que ma flâme querelle un tel évenement,
Et qu'en mon cœur le Frere importune l'Amant.
Mes feux par ce secret ont receu sans murmure,
Le changement qu'en eux a prescrit la nature ;
Et le sang qui nous joint m'a si bien détaché
De l'amour, dont pour vous mon cœur estoit touché,
Qu'il ne respire plus pour faveur souveraine
Que les cheres douceurs de sa premiere chaîne.
Et le moyen de rendre à l'adorable Ignés,
Ce que de ses bontez a merité l'excés ;
Mais son sort incertain rend le mien miserable,
Et si ce qu'on en dit se trouvoit veritable,
En vain Leon m'appelle, & le Throsne m'attend,
La Couronne n'a rien à me rendre content ;
Et je n'en veux l'éclat que pour goûter la joye,
D'en Couronner l'objet où le Ciel me renvoye,
Et pouvoir reparer par ces justes tributs
L'outrage que j'ay fait à ses rares vertus.
Madame, c'est de vous que j'ay raison d'attendre,
Ce que de son destin mon ame peut apprendre,
Instruisez-m'en de grace, & par vostre discours,
Hâtez mon desespoir, ou le bien de mes jours.

D. ELUIRE.

Ne vous étonnez pas si je tarde à répondre,
Seigneur, ces nouveautez ont droit de me confondre,
Je n'entreprendray point de dire à vostre amour,
Si Done Ignés est morte, ou respire le jour;
Mais par ce Cavalier, l'un de ses plus fideles,
Vous en pourrez sans doute apprendre des nouvelles ?

D. SYLVE, ou D. ALPHONSE.

Ah ! Madame, il m'est doux en ces perplexitez
De voir icy briller vos celestes beautez,
Mais vous avec quels yeux verrez-vous un volage,
Dont le crime....

D. IGNES.

Ah ! gardez de me faire un outrage,
Et de vous hasarder à dire que vers moy,
Un cœur, dont je fais cas ait pû manquer de foy;
J'en refuse l'idée, & l'excuse me blesse,
Rien n'a pû m'offencer auprés de la Princesse,
Et tout ce que d'ardeur elle vous a causé,
Par un si haut merite est assez excusé.
Cette flâme vers moy ne vous rend point coupable,
Et dans le noble orgüeil, dont je me sens capable,
Sçachez si vous l'estiez, que ce seroit en vain,
Que vous presumeriez de fléchir mon dédain,
Et qu'il n'est repentir, ny suprême puissance
Qui gagnast sur mō cœur d'oublier cette offence.

D. ELUIRE.

Mon Frere, d'un tel nom souffrez-moy la douceur,
De quel ravissement comblez-vous une sœur;
Que j'ayme vostre choix, & benis l'avanture,
Qui vous fait couronner une amitié si pure,
Et de deux nobles cœurs que j'ayme tendrement

SCENE VI.

D. GARCIE, D. ELUIRE, D. IGNES,
D. SYLVE, ELISE.

D. GARCIE.

DE grace cachez-moy vostre contentement,
Madame, & me laissez mourir dans la
croyance,
Que le devoir vous fait un peu de violence.
Je sçay que de vos vœux vous pouvez disposer,
Et mon dessein n'est pas de leur rien opposer,
Vous le voyez assez, & quelle obeïssance
De vos commandemens m'arrache la puissance;
Mais je vous avoüeray que cette gayeté
Surprend au dépourveu toute ma fermeté;
Et qu'un pareil objet dans mon ame fait naistre
Un transport, dont j'ay peur que je ne sois pas
maistre,
Et je me punirois, s'il m'avoit pû tirer
De ce respect soûmis où je veux demeurer.
Oüy, vos commandemens ont prescrit à mon ame,
De souffrir sans éclat le mal-heur de ma flâme.
Cet ordre sur mon cœur doit estre tout-puissant,
Et je pretends mourir en vous obeïssant;
Mais encor une fois, la joye où je vous treuve,
M'expose à la rigueur d'une trop rude épreuve,
Et l'ame la plus sage en ces occasions
Répond malaisement de ces émotions.
Madame, épargnez-moy cette cruelle atteinte,
Donnez-moy par pitié deux momens de contrainte,

Et quoy que d'un Rival vous inspirent les soins,
N'en rendez pas mes yeux les mal-heureux té-
 moins, [dre,
C'est la moindre faveur qu'on peut je croy preten-
Lors que dans ma disgrace un Amant peut des-
 cendre ;
Je ne l'exige pas, Madame, pour long-temps,
Et bien-tost mon départ rendra vos vœux contens.
Je vais, où de ses feux mon ame consumée,
N'apprédra vostre Hymen que par la renommée,
Ce n'est pas un spectacle où je doive courir,
Madame, sans le voir j'en sçauray bien mourir.

D. IGNES.

Seigneur, permettez-moy de blâmer vostre plainte,
De vos maux la Princesse a sçeu paroistre atteinte;
Et cettte joye encor, dequoy vous murmurez
Ne luy vient que des biés qui vous sont preparez;
Elle goûte un succez à vos desirs prospere,
Et dans vostre Rival elle trouve son Frere ;
C'est Dom Alphonse, enfin, dont on a tant parlé,
Et ce fameux secret vient d'estre dévoilé.

D. SYLVE, ou D. ALPHONSE.

Mon cœur, graces au Ciel, aprés un long martyre,
Seigneur, sans vous rien prendre a tout ce qu'il
 desire,
Et goûte d'autant mieux son bon-heur en ce jour,
Qu'il se voit en estat de servir vostre amour.

D. GARCIE.

Helas ! cette bonté, Seigneur, doit me confondre,
A mes plus chers desirs elle daigne répondre,
Le coup que je craignois le Ciel l'a détourné,
Et tout autre que moy se verroit fortuné ;
Mais ces douces clartez d'un secret favorable,
Vers l'objet adoré me découvre coupable,
Et tombé de nouveau dans ces traistres soupçons,
Surquoy l'on m'a tant fait d'inutiles leçons ;

COMEDIE.

Et par qui mon ardeur si souvent odieuse,
Doit perdre tout espoir d'estre jamais heureuse ?
Oüy, l'on doit me haïr avec trop de raison,
Moy-mesme je me trouve indigne de pardon,
Et quelque heureux succés que le sort me presente,
La mort, la seule mort, est toute mon attente.

D. ELUIRE.

Non, non, de ce transport le soûmis mouvement,
Prince, jette en mon ame un plus doux sentiment,
Par luy de mes sermens je me sens détachée,
Vos plaintes, vos respects, vos douleurs m'ont touchée,
J'y vois par tout briller un excés d'amitié,
Et vostre maladie est digne de pitié.
Je vois, Prince, je vois, qu'on doit quelque indul- [gence,
Aux défauts, où du Ciel fait pancher l'influence,
Et pour tout dire, enfin, jaloux, ou non jaloux ;
Mon Roy sans me gesner peut me donner à vous.

D. GARCIE.

Ciel ! dans l'excés des biens que cet aveu m'oc-[troye,
Rends capable mon cœur de supporter sa joye.

D. SYLVE, ou D. ALPHONSE.

Je veux que cet Hymen aprés nos vains débats,
Seigneur, joigne à jamais nos cœurs, & nos Estats ;
Mais icy le temps presse, & Leon nous appelle,
Allons dans nos plaisirs satisfaire son zele,
Et par nostre presence, & nos soins differents,
Donner le dernier coup au party des Tyrans.

FIN.

IMPROMPTV DE VERSAILLE

L'IMPROMPTU
DE VERSAILLES,
COMEDIE.
PAR J. B. P. MOLIERE.

Representée la premiere fois à Versailles pour le Roy le quatorziéme Octobre 1663. & donnée depuis au Public dans la Salle du Palais Royal, le quatriéme Novembre de la mesme année 1663.

Par la Trouppe de MONSIEUR,
Frere Unique du Roy.

NOMS DES ACTEURS.

MOLIERE, Marquis ridicule.
BRECOURT, Homme de qualité.
DE LA GRANGE, Marquis ridicule.
DU CROISY, Poëte.
LA TORILLIERE, Marquis fâcheux.
BEJART, Homme qui fait le necessaire.
Mademoiselle DU PARC, Marquise façonniere.
Mademoiselle BEJAR, Prude.
Mademoiselle DE BRIE, Sage Coquette.
Mademoiselle MOLIERE, Satyrique spirituelle.
Mademoiselle DU CROISY, Peste doucereuse.
Mademoiselle HERVE', Servante pretieuse.

La Scene est à Versailles dans la Salle de la Comedie.

L'IMPROMPTU
DE VERSAILLES,
COMEDIE.

ACTE PREMIER.

SCENE PREMIERE.

MOLIERE, BRECOURT, LA GRANGE, DU CROISY, Mademoiselle DU PARC, Mademoiselle BEJART, Melle DE BRIE, Mademoiselle MOLIERE, Melle DU CROISY, Mademoiselle HERVE'.

MOLIERE.

ALLONS donc, Messieurs & Mesdames, vous mocquez-vous avec vostre longueur, & ne voulez-vous pas tous venir icy ? La peste soit des Gens ; hola ho, Monsieur de Brecourt.

BRECOURT.

Quoy !

MOLIERE.
Monsieur de la Grange.
LA GRANGE.
Qu'est-ce ?
MOLIERE.
Monsieur du Croisy.
DU CROISY.
Plaist-il ?
MOLIERE.
Mademoiselle du Parc.
Mademoiselle DU PARC.
Hé bien ?
MOLIERE.
Mademoiselle Bejart.
Mademoiselle BEJART.
Qu'y a-t'il ?
MOLIERE.
Mademoiselle de Brie.
Mademoiselle DE BRIE.
Que veut-on ?
MOLIERE.
Mademoiselle du Croisy.
Mademoiselle DU CROISY.
Qu'est-ce que c'est ?
MOLIERE.
Mademoiselle Hervé.
Mademoiselle HERVE'.
On y va.
MOLIERE.
Je croy que je deviendray fou avec tous ces gens-cy. Eh ! testebleu, Messieurs, me voulez-vous faire enrager aujourd'huy.
BRECOURT.
Que voulez-vous qu'on fasse, nous ne sçavons pas nos rôles, & c'est nous faire enrager vous mesme, que de nous obliger à jouer de la sorte.

COMEDIE.
MOLIERE.
Ah ! les étranges animaux à conduire que des Comediens.
Mademoiselle BEJART.
Et bien nous voilà, que pretendez vous faire ?
Mademoiselle DU PARC.
Quelle est vostre pensée ?
Mademoiselle DE BRIE.
Dequoy est-il question ?
MOLIERE.
De grace mettons-nous icy, & puisque nous voilà tous habillez, & que le Roy ne doit venir de deux heures, employons ce temps à repeter nostre affaire, & voir la maniere dont il faut joüer les choses.
LA GRANGE.
Le moyen de joüer ce qu'on ne sçait pas ?
Mademoiselle DU PARC.
Pour moy je vous déclare que je ne me souviens pas d'un mot de mon Personnage.
Mademoiselle DE BRIE.
Je sçay bien qu'il me faudra souffler le mien, d'un bout à l'autre.
Mademoiselle BEJART.
Et moy je me prepare fort à tenir mon rôle à la main.
Mademoiselle MOLIERE.
Et moy aussi.
Mademoiselle HERVE'.
Pour moy je n'ay pas grand'chose à dire.
Mademoiselle DU CROISY.
Ny moy non plus, mais avec cela je ne répondrois pas de ne point manquer.
DU CROISY.
J'en voudrois estre quitte pour dix pistoles.

H iij

BRECOURT.

Et moy pour vingt bons coups de foüet, je vous assure.

MOLIERE.

Vous voilà tous bien malades d'avoir un méchant rôle à joüer, & que feriez-vous donc si vous estiez en ma place?

Mademoiselle BEJART.

Qui vous ! vous n'estes pas à plaindre, car ayant fait la Piece vous n'avez pas peur d'y manquer.

MOLIERE.

Et n'ay-je à craindre que le manquement de memoire, ne contez-vous point rien l'inquietude d'un succés qui ne regarde que moy seul ? & pensez-vous que ce soit une petite affaire, que d'exposer quelque chose de Comique devant une assemblée comme celle-cy ? Que d'entreprendre de faire rire des personnes qui nous impriment le respect, & ne rient que quand ils veulent. Est-il Autheur qui ne doive trembler, lors qu'il en vient à cette épreuve ? & n'est-ce pas à moy de dire que je voudrois en estre quitte pour toutes les choses du monde ?

Mademoiselle BEJART.

Si cela vous faisoit trembler, vous prendriez mieux vos precautions, & n'auriez pas entrepris en huit jours ce que vous avez fait.

MOLIERE.

Le moyen de m'en défendre quand un Roy me l'a commandé.

Mademoiselle BEJART.

Le moyen ! une respectueuse excuse fondée sur l'impossibilité de la chose dans le peu de temps qu'on vous donne ; & tout autre en vostre place ménageroit mieux sa reputation, & se seroit bien gardé de se commettre comme vous faites. Où en ferez-vous, je vous prie, si l'affaire reüssit mal ? & quel avantage pensez-vous qu'en prendront tous vos ennemis ?

Mademoiselle DE BRIE.

En effet il faloit s'excuser avec respect envers le Roy, ou demander du temps davantage.

MOLIERE.

Mon Dieu, Mademoiselle, les Roys n'ayment rien tant qu'une prompte obeïssance, & ne se plaisent point du tout à trouver des obstacles. Les choses ne sont bonnes que dans le temps qu'ils les souhaitent ; & leur en vouloir reculer le divertissement est en oster pour eux toute la grace. Ils veulent des plaisirs qui ne se fassent point attendre, & les moins preparez leur sont toûjours les plus agreables, nous ne devons jamais nous regarder dans ce qu'ils desirent de nous, nous ne sommes que pour leur plaire ; & lors qu'ils nous ordonnent quelque chose, c'est à nous à profiter viste de l'envie où ils sont. Il vaut mieux s'acquitter mal de ce qu'ils nous demandent, que de ne s'en acquitter pas assez-tost ; & si l'on a la honte de n'avoir pas bien reüssi, on a toûjours la gloire d'avoir obeï viste à leurs commandemens. Mais songeons à repeter s'il vous plaist.

Mademoiselle BEJART.

Comment pretendez-vous que nous fassions, si nous ne sçavons pas nos rôles ?

MOLIERE.

Vous les sçaurez, vous dy-je, & quand mesme vous ne les sçauriez pas tout-à-fait, pouvez-vous pas y supléer de vostre esprit, puisque c'est de la Prose, & que vous sçavez vostre sujet ?

Mademoiselle BEJART.

Je suis vostre Servante, la Prose est pis encor que les Vers.

Mademoiselle MOLIERE.
Voulez-vous que je vous dife, vous deviez faire une Comedie où vous auriez joüé tout feul.
MOLIERE.
Taifez-vous, ma Femme, vous eftes une befte.
Mademoiselle MOLIERE.
Grand mercy Monfieur mon Mary, voilà ce que c'eft, le Mariage change bien les gens, & vous ne m'auriez pas dit cela il y a dix-huit mois.
MOLIERE.
Taifez-vous, je vous prie.
Mademoiselle MOLIERE.
C'eft une chofe étrange, qu'une petite ceremonie foit capable de nous ofter toutes nos belles qualitez, & qu'un Mary, & un Galand regardent la mefme perfonne avec des yeux fi differens.
MOLIERE.
Que de difcours.
Mademoiselle MOLIERE.
Ma foy, fi je faifois une Comedie, je la ferois fur ce fujet, je juftifierois les Femmes de bien de chofes dont on les accufe, & je ferois craindre aux Maris la difference qu'il y a de leurs manieres brufques, aux civilitez des Galans.
MOLIERE.
Ahy, laiffons cela, il n'eft pas queftion de caufer maintenant, nous avons autre chofe à faire.
Mademoiselle BEJART.
Mais puifqu'on vous a commandé de travailler fur le fujet de la Critique qu'on a faite contre vous, que n'avez-vous fait cette Comedie des Comediens dont vous nous avez parlé il y a long-temps, c'eftoit une affaire toute trouvée, & qui venoit fort bien à la chofe, & d'autant mieux, qu'ayant entrepris de vous peindre, ils vous ouvroient l'occafion de les peindre auffi; & que cela
auroit

auroit pû s'appeller leur portrait, à bien plus juste titre que tout ce qu'ils ont fait ne peut estre appellé le vostre; car vouloir contrefaire un Comedien dans un rôle Comique, ce n'est pas le peindre luy-mesme, c'est peindre d'aprés luy les Personnages qu'il represente, & se servir des mesmes traits & des mesmes couleurs, qu'il est obligé d'employer aux differens tableaux des caracteres ridicules, qu'il imite d'aprés nature. Mais contrefaire un Comedien dans des rôles serieux, c'est le peindre par des défauts qui sont entierement de luy, puisque ces sortes de Personnages ne veulent, ny les gestes, ny les tons de voix ridicules, dans lesquels on le reconnoist.

MOLIERE.

Il est vray, mais j'ay mes raisons pour ne le pas faire, & je n'ay pas crû entre-nous que la chose en valust la peine, & puis il faloit plus de temps pour executer cette idée. Comme leurs jours de Comedies sont les mesmes que les nostres, à peine ay-je esté les voir, que trois ou quatre fois depuis que nous sommes à Paris, je n'ay attrappé de leur maniere de reciter, que ce qui m'a d'abord sauté aux yeux, & j'aurois eu besoin de les étudier davantage pour faire des portraits bien ressemblans.

Mademoiselle DU PARC.

Pour moy j'en ay reconnu quelques-uns dans vostre bouche.

Mademoiselle DE BRIE.

Je n'ay jamais oüy parler de cela.

MOLIERE.

C'est une idée qui m'avoit passé une fois par la teste, & que j'ay laissée-là comme une bagatelle, une badinerie, qui peut-estre n'auroit point fait rire.

Tome VII.   I

Mademoiselle DE BRIE.

Dites-là moy un peu, puisque vous l'avez dite aux autres.

MOLIERE.

Nous n'avons pas le temps maintenant.

Mademoiselle DE BRIE.

Seulement deux mots.

MOLIERE.

J'avois songé une Comedie, où il y auroit eu un Poëte que j'aurois representé moy-mesme, qui feroit venu pour offrir une Piece à une Trouppe de Comediens nouvellement arrivez de la campagne. Avez-vous, auroit-il dit, des Acteurs & des Actrices, qui soyent capables de bien faire valoir un Ouvrage, car ma piece est une piece.... Eh! Monsieur, auroient répondu les Comediens, nous avons des Hommes & des Femmes qui ont esté trouvé raisonnables par tout où nous avons passé. Et qui fait les Roys parmy vous ? voilà un Acteur qui s'en démesle par fois. Qui! ce jeune Homme bien fait ? vous mocquez-vous ! Il faut un Roy qui soit gros & gras comme quatre. Un Roy, morbleu, qui soit entripaillé comme il faut ; un Roy d'une vaste circonference, & qui puisse remplir un Throsne de la belle maniere ! La belle chose qu'un Roy d'une taille galante ! Voilà déja un grand défaut ; mais que je l'entende un peu reciter une douzaine de Vers. Là-dessus le Comedien auroit recité, par exemple, quelques Vers du Roy de Nicomede.

Te le diray-je Araspe, il m'a trop bien servy,
Augmentant mon pouvoir....

Le plus naturellement qui luy auroit esté possible. Et le Poëte : comment vous appellez cela reciter ? c'est se railler ; il faut dire les choses avec emphase. Ecoutez-moy.

COMEDIE.

Te le diray-je, Araspe.... &c.
Imitant Monfleury excellent Acteur de l'Hostel de Bourgogne.

Voyez-vous cette posture ? remarquez bien cela. là appuyer comme il faut le dernier Vers. Voilà ce qui attire l'approbation, & fait faire le brouhaha. Mais, Monsieur, auroit répondu le Comedien, il me semble qu'un Roy qui s'entretient tout seul avec son Capitaine des Gardes, parle un peu plus humainement, & ne prend gueres ce ton de demoniaque. Vous ne sçavez ce que c'est. Allez-vous en reciter comme vous faites, vous verrez si vous ferez faire aucun ah ! Voyons un peu une Scene d'Amant & d'Amante. Là-dessus une Comedienne & un Comedien auroient fait une Scene ensemble, qui est celle de Camille & de Curiace.

Iras-tu, ma chére ame, & ce funeste honneur,
Te plaist-il aux dépens de tout nostre bon-heur ?
Helas ! je voy trop bien.... &c.
Tout de mesme que l'autre, & le plus naturellement qu'ils auroient pû. Et le Poëte aussi-tost : vous vous mocquez, vous ne faites rien qui vaille ; & voicy comme il faut reciter cela.

Iras-tu, ma chere ame.. &c.
Non je te connois mieux, &c.
Imitant Mademoiselle Beauchasteau, Commedienne de l'Hostel de Bourgogne.

Voyez-vous comme cela est naturel & passionné ? admirez ce visage riant qu'elle conserve dans les plus grandes afflictions. Enfin voilà l'idée, & il auroit parcouru de mesme tous les Acteurs, & toutes les Actrices.

Mademoiselle DE BRIE.

Je trouve cette idée assez plaisante, & j'en ay reconnu là dés le premier Vers, continuez je vous prie.

MOLIERE *imitant Beauchasteau aussi Comedien, dans les Stances du Cid.*
Percé jusques au fond du cœur, &c.
Et celuy-cy le reconnoistrez-vous bien, dans Pompée de Sertorius.
Imitant Hauteroche aussi Comedien.
L'inimitié qui regne entre les deux partis,
N'y rend pas de l'honneur.... &c.

Mademoiselle DE BRIE.
Je le reconnois un peu je pense.

MOLIERE.
Et celuy-cy.
Seigneur, Polibe est mort... &c.
Imitant De Villiers aussi Comedien.

Mademoiselle DE BRIE.
Oüy, je sçay qui c'est, mais il y en a quelques-uns d'entre-eux, je croy, que vous auriez peine à contrefaire.

MOLIERE.
Mon Dieu, il n'y en a point qu'on ne pust attrapper par quelque endroit si je les avois bien étudiez ; mais vous me faites perdre un temps qui nous est cher. Songeons à nous, de grace, & ne nous amusons point davantage à discourir; vous, prenez garde à bien representer avec moy vostre rôle de Marquis. *Parlant à de la Grange.*

Mademoiselle MOLIERE.
Toûjours des Marquis.

MOLIERE.
Oüy, toûjours des Marquis, que diable voulez-vous qu'on prenne pour un caractere agreable de Theatre ; le Marquis aujourd'huy est le plaisant de la Comedie. Et comme dans toutes les Comedies anciennes on voit toûjours un Valet boufon qui fait rire les Auditeurs, de mesme dans toutes nos pieces de maintenant, il faut toûjours un Marquis ridicule qui divertisse la compagnie.

Mademoiselle BEJART.
Il est vray, on ne s'en sçauroit passer.
MOLIERE.
Pour vous, Mademoiselle....
Mademoiselle DU PARC.
Mon Dieu, pour moy je m'acquitteray fort mal de mon personnage, & je ne sçay pas pourquoy vous m'avez donné ce rôle de façonniere.
MOLIERE.
Mon Dieu, Mademoiselle, voilà comme vous disiez lors que l'on vous donna celuy de la Critique de l'Ecole des Femmes, cependant vous vous en estes acquittée à merveille, & tout le monde est demeuré d'accord qu'on ne peut pas mieux faire que vous avez fait, croyez-moy, celuy-cy sera de mesme, & vous le joüerez mieux que vous ne pensez.
Mademoiselle DU PARC.
Comment cela se pourroit-il faire, car il n'y a point de personne au monde qui soit moins façonniere que moy.
MOLIERE.
Cela est vray, & c'est en quoy vous faites mieux voir que vous estes excellente Comedienne de bien representer un personnage, qui est si contraire à vostre humeur : tâchez-donc de bien prendre tous le caractere de vos rôles, & de vous figurer que vous estes ce que vous representez. *A du Croisy.* Vous faites le Poëte, vous, & vous devez vous remplir de ce personnage, marquer cet air Pedant qui se conserve parmy le commerce du beau monde, ce ton de voix sententieux, & cette exactitude de prononciation qui appuye sur toutes les syllabes, & ne laisse échapper aucune lettre de la plus severe ortographe. *A Brecourt.* Pour vous, vous faites un honneste homme de Cour, comme vous avez déja fait dans la Critique de l'Escole

des Femmes, c'est à dire que vous devez prendre un air posé, un ton de voix naturel, & gesticuler le moins qu'il vous sera possible. *A de la Grange.* Pour vous je n'ay rien à vous dire. *A Mademoiselle Bejard.* Vous, vous representez une de ces Femmes, qui pourveu qu'elles ne fassent point l'amour, croyent que tout le reste leur est permis, de ces Femmes qui se retranchent toûjours fierement sur leur pruderie, regardent un chacun de haut en bas, & veulent que toutes les plus belles qualitez que possedent les autres, ne soyent rien en comparaison d'un miserable honneur dont personne ne se soucie, ayez toûjours ce caractere devant les yeux pour en bien faire les grimaces. *A Mademoiselle de Brie.* Pour vous, vous faites une de ces Femmes qui pensent estre les plus vertueuses personnes du monde, pourveu qu'elles sauvent les apparences, de ces Femmes qui croyent que le peché n'est que dans le scandale, qui veulent conduire doucement les affaires qu'elles ont sur le pied d'attachement honneste, & appellent amis ce que les autres nomment galans, entrez bien dans ce caractere. *A Mademoiselle de Moliere.* Vous, vous faites le mesme personnage que dans la Critique, & je n'ay rien à vous dire non plus qu'à Mademoiselle du Parc. *A Mademoiselle du Croisy.* Pour vous, vous representez une de ces personnes qui prestent doucement des charitez à tout le monde, de ces Femmes qui donnent toûjours le petit coup de langue en passant, & seroient bien fachées d'avoir souffert qu'on eust dit du bien du prochain; je croy que vous ne vous acquiterez pas mal de ce rôle. *A Mademoiselle Hervé.* Et pour vous, vous estes la soubrette de la precieuse, qui se mesle de temps en temps dans la conversation, & attrappe comme

COMEDIE. 103

elle peut tous les termes de sa Maistresse ; je vous dis tous vos caracteres, afin que vous vous les imprimiez fortement dans l'esprit. Commençons maintenant à repeter, & voyons comme cela ira. Ah! voicy justement un fâcheux, il ne nous faloit plus que cela.

SCENE II.

LA THORILIERE, MOLIERE, &c.

LA THORILIERE.

Bon jour, Monsieur Moliere.
MOLIERE.
Monsieur vostre serviteur. La peste soit de l'homme.
LA THORILIERE.
Comment vous en va?
MOLIERE.
Fort bien pour vous servir, Mesdemoiselles ne....
LA THORILIERE.
Je viens d'un lieu où j'ay bien dit du bien de vous.
MOLIERE.
Je vous suis obligé. Que le diable t'emporte. Ayez un peu soin...
LA THORILIERE.
Vous jouez une piece nouvelle aujourd'huy ?
MOLIERE.
Oüy, Monsieur. N'oubliez pas....
LA THORILIERE.
C'est le Roy qui vous la fait faire?
MOLIERE.
Oüy, Monsieur. De grace songez....

I iiij

LA THORILIERE.

Comment l'appellez-vous ?

MOLIERE.

Oüy, Monsieur.

LA THORILIERE.

Je vous demande comment vous la nommez ?

MOLIERE.

Ah ! ma foy je ne sçay. Il faut s'il vous plaist que vous....

LA THORILIERE.

Comment serez-vous habillez ?

MOLIERE.

Comme vous voyez. Je vous prie....

LA THORILIERE.

Quand commencerez-vous ?

MOLIERE.

Quand le Roy sera venu. Au diantre le questionneur.

LA THORILIERE.

Quand croyez-vous qu'il vienne ?

MOLIERE.

La peste m'étoufe, Monsieur, si je le sçay.

LA THORILIERE.

Sçavez-vous point....

MOLIERE.

Tenez, Monsieur, je suis le plus ignorant homme du monde, je ne sçay rien de tout ce que vous pourrez me demander je vous jure. J'enrage, ce bourreau vient avec un air tranquille vous faire des questions, & ne se soucie pas qu'on ait en teste d'autres affaires.

LA THORILIERE.

Mesdemoiselles, vostre serviteur.

MOLIERE.

Ah ! bon le voilà d'un autre costé.

COMEDIE.

LA THORILIERE à *Mademoiselle du Croisy.*
Vous voilà belle comme un petit Ange. Joüez-vous toutes deux aujourd'huy ? *en regardant Mademoiselle Hervé.*

Mademoiselle DU CROISY.
Oüy, Monsieur.

LA THORILIERE.
Sans vous la Comedie ne vaudroit pas grand chose.

MOLIERE.
Vous ne voulez pas faire en aller cet homme-là ?

Mademoiselle DE BRIE.
Monsieur nous avons icy quelque chose à repeter ensemble.

LA THORILIERE.
Ah ! parbleu je ne veux pas vous empescher, vous n'avez qu'à poursuivre.

Mademoiselle DE BRIE.
Mais....

LA THORILIERE.
Non, non, je serois fâché d'incommoder personne, faites librement ce que vous avez à faire.

Mademoiselle DE BRIE.
Oüy, mais....

LA THORILIERE.
Je suis homme sans ceremonie, vous dy-je, & vous pouvez repeter ce qui vous plaira.

MOLIERE.
Monsieur, ces Demoiselles ont peine à vous dire qu'elles souhaiteroient fort que personne ne fust icy pendant cette repetition ?

LA THORILIERE.
Pourquoy, il n'y a point de danger pour moy ?

MOLIERE.
Monsieur, c'est une coûtume qu'elles observent,

& vous aurez plus de plaisir quand les choses vous surprendront.

LA THORILIERE.

Je m'en vais donc dire que vous estes prests.

MOLIERE.

Point du tout, Monsieur, ne vous hâtez pas de grace.

SCENE III.

MOLIERE, LA GRANGE, &c.

MOLIERE.

AH! que le monde est plein d'impertinents! or sus commençons. Figurez-vous donc premierement que la Scene est dans l'antichambre du Roy, car c'est un lieu où il se passe tous les jours des choses assez plaisantes. Il est aisé de faire venir là toutes les personnes qu'on veut, & on peut trouver des raisons mesme pour y authoriser la venuë des Femmes que j'introduis. La Comedie s'ouvre par deux Marquis qui se rencontrent. Souvenez-vous bien, vous de venir comme je vous ay dit, là avec cet air qu'on nomme le bel air, peignant vostre Perruque, & grondant une petite chanson entre vos dents. La, la, la, la, la, la: Rangez-vous donc vous autres, car il faut du terrein à deux Marquis, & ils ne sont pas gens à tenir leur personne dans un petit espace, allons parlez.

LA GRANGE.

Bon jour Marquis.

COMEDIE.
MOLIERE.
Mon Dieu, ce n'est point là le ton d'un Marquis, il faut le prendre un peu plus haut, & la plufpart de ces Meſſieurs affectent une maniere de parler particuliere pour ſe diſtinguer du commun. Bon jour Marquis, recommencez-donc.
LA GRANGE.
Bon jour Marquis.
MOLIERE.
Ah! Marquis, ton ſerviteur.
LA GRANGE.
Que fais-tu là ?
MOLIERE.
Parbleu tu vois, j'attends que tous ces Meſſieurs ayent debouché la porte pour preſenter là mon viſage.
LA GRANGE.
Teſtebleu quelle foule, je n'ay garde de m'y aller froter, & j'ayme bien mieux entrer des derniers.
MOLIERE.
Il y a là vingt gens qui ſont fort aſſurez de n'entrer point, & qui ne laiſſent pas de ſe preſſer, & d'occuper toutes les avenues de la porte.
LA GRANGE.
Crions nos deux noms à l'Huiſſier, afin qu'il nous appelle.
MOLIERE.
Cela eſt bon pour toy, mais pour moy je ne veux pas eſtre joüé par Moliere.
LA GRANGE.
Je penſe pourtant, Marquis, que c'eſt toy qu'il joüe dans la Critique.
MOLIERE.
Moy ? je ſuis ton valet, c'eſt toy-meſme en propre perſonne.

LA GRANGE.

Ah ! ma foy, tu es bon de m'appliquer ton perſonnage.

MOLIERE.

Parbleu, je te trouve plaiſant de me donner ce qui t'appartient.

LA GRANGE.

Ha, ha, ha, cela eſt drôle.

MOLIERE.

Ha, ha, ha, cela eſt boufon.

LA GRANGE.

Quoy tu veux ſoûtenir que ce n'eſt pas toy qu'on jouë dans le Marquis de la Critique.

MOLIERE.

Il eſt vray c'eſt moy. Deteſtable, morbleu deteſtable, tarte à la creſme. C'eſt moy, c'eſt moy, aſſurement, c'eſt moy.

LA GRANGE.

Oüy, parbleu c'eſt toy, tu n'as que faire de railler ; & ſi tu veux nous gagerons, & verrons qui a raiſon des deux.

MOLIERE.

Et que veux-tu gager encore ?

LA GRANGE.

Je gage cent piſtoles que c'eſt toy.

MOLIERE.

Et moy cent piſtoles que c'eſt toy.

LA GRANGE.

Cent piſtoles comptant.

MOLIERE.

Comptant. Quatre vingt dix piſtoles ſur Amyntas, & dix piſtoles comptant.

LA GRANGE.

Je le veux.

MOLIERE.

Cela eſt fait.

COMEDIE.
LA GRANGE.
Ton argent court grand risque.
MOLIERE.
Le tien est bien avanturé.
LA GRANGE.
A qui nous en rapporter.
MOLIERE.
Voicy un homme qui nous jugera. Chevalier.

SCENE IV.
MOLIERE, BRECOURT,
LA GRANGE, &c.

BRECOURT.
Quoy?
MOLIERE.
Bon voilà l'autre qui prend le ton de Marquis. Vous ay-je pas dit que vous faites un rôle, où l'on doit parler naturellement ?
BRECOURT.
Il est vray.
MOLIERE.
Allons donc, Chevalier.
BRECOURT.
Quoy ?
MOLIERE.
Juge nous un peu sur une gageure que nous ayons faite.
BRECOURT.
Et quelle ?
MOLIERE.
Nous disputons qui est le Marquis de la Critique de Moliere, il gage que c'est moy, & moy je gage que c'est luy.

BRECOURT.

Et moy je juge que ce n'eſt, ny l'un ny l'autre, vous eſtes foux tous deux, de vouloir vous appliquer ces ſortes de choſes, & voilà dequoy j'oüys l'autre jour ſe plaindre Moliere, parlant à des perſonnes qui le chargeoient de meſme choſe que vous. Il diſoit que rien ne luy donnoit du déplaiſir, comme d'eſtre accuſé de regarder quelqu'un dans les portraits qu'il fait. Que ſon deſſein eſt de peindre les mœurs ſans vouloir toucher aux perſonnes ; & que tous les perſonnages qu'il repreſente ſont des perſonnages en l'air, & des phantoſmes proprement qu'il habille à ſa fantaiſie pour rejoüir les ſpectateurs. Qu'il ſeroit bien fâché d'y avoir jamais marqué qui que ce ſoit ; & que ſi quelque choſe eſtoit capable de le dégoûter de faire des Comedies, c'eſtoit les reſſemblances qu'on y vouloit toûjours trouver, & dont ſes ennemis tâchoient malicieuſement d'appuyer la penſée pour luy rendre de mauvais offices auprés de certaines perſonnes à qui il n'a jamais penſé. Et en effet je trouve qu'il a raiſon, car pourquoy vouloir je vous prie appliquer tous ſes geſtes & toutes ſes paroles, & chercher à luy faire des affaires, en diſant hautement il joüe un tel, lors que ce ſont des choſes qui peuvent convenir à cent perſonnes ? Comme l'affaire de la Comedie eſt de repreſenter en general tous les défauts des hommes, & principalement des hommes de noſtre ſiecle ; il eſt impoſſible à Moliere de faire aucun caractere qui ne rencontre quelqu'un dans le monde ; & s'il faut qu'on l'accuſe d'avoir ſongé toutes les perſonnes où l'on peut trouver les défauts qu'il peint, il faut ſans doute qu'il ne faſſe plus de Comedies.

COMEDIE.
MOLIERE.
Ma foy, Chevalier, tu veux justifier Moliere, & épargner nostre amy que voilà.
LA GRANGE.
Point du tout, c'est toy qu'il épargne, & nous trouverons d'autres juges.
MOLIERE.
Soit; mais dy-moy, Chevalier, crois-tu pas que ton Moliere est épuisé maintenant, & qu'il ne trouvera plus de matiere pour....
BRECOURT.
Plus de matiere ? Eh, mon pauvre Marquis nous luy en fourniront toûjours assez, & nous ne prenons gueres le chemin de nous rendre sages pour tout ce qu'il fait, & tout ce qu'il dit.
MOLIERE.
Attendez, il faut marquer davantage tout cet endroit, écoûtez-le moy dire un peu. Et qu'il ne trouvera plus de matiere pour... Plus de matiere ! Eh, mon pauvre Marquis, nous luy en fourniront toûjours assez, & nous ne prenons gueres le chemin de nous rendre sages pour tout ce qu'il fait & tout ce qu'il dit. Crois-tu qu'il ait épuisé dans ses Comedies tout le ridicule des hommes; & sans sortir de la Cour, n'a-t'il pas encore vingt caracteres de gens où il n'a point touché. N'a-t'il pas, par exemple, ceux qui se font les plus grandes amitiez du monde, & qui le dos tourné font galanterie de se déchirer l'un l'autre ? N'a-t'il pas ces adulateurs à outrance, ces flatteurs insipides qui n'assaisonnent d'aucun sel les loüanges qu'ils donnent, & dont toutes les flatteries ont une douceur fade qui fait mal au cœur à ceux qui les écoutent ? N'a-t'il pas ces lâches Courtisans de la faveur, ces perfides adorateurs de la fortune, qui vous encensent dans la prosperité,

& vous accablent dans la difgrace ? N'a-t'il pas ceux qui font toûjours mécontens de la Cour, ces fuivans inutiles, ces incommodes affidus, ces gens, dy-je, qui pour fervices ne peuvent conter que des importunitez, & qui veulent que l'on les recompenfe d'avoir obfedé le Prince dix ans durant ? N'a-t'il pas ceux qui careffent également tout le monde, qui promenent leurs civilitez à droit & à gauche, & courent à tous ceux qu'ils voyent avec les mefmes embraffades, & les mefmes proteftations d'amitié ? Monfieur vôftre tres-humble ferviteur ; Monfieur je fuis tout à voftre fervice. Tenez-moy des voftres, mon cher. Faites eftat de moy, Monfieur, comme du plus chaud de vos amis. Monfieur, je fuis ravy de vous embraffer. Ah ! Monfieur, je ne vous voyois pas. Faites-moy la grace de m'employer, foyez perfuadé que je fuis entierement à vous. Vous eftes l'homme du monde que je revere le plus ; il n'y a perfonne que j'honore à l'égal de vous. Je vous conjure de le croire ; je vous fupplie de n'en point douter, ferviteur, tres-humble valet. Va, va, Marquis, Moliere aura toûjours plus de fujets qu'il n'en voudra, & tout ce qu'il a touché jufqu'icy n'eft rien que bagatelle, au prix de ce qui refte. Voilà à peu preft comme cela doit eftre joüé.

BRECOURT.

C'eft affez.

MOLIERE.

Pourfuivez.

BRECOURT.

Voicy Climene, & Elife.

MOLIERE.

Là-deffus vous arriverez toutes deux. *A Mademoifelle du Parc.* Prenez bien garde vous à vous déhancher comme il faut, & à faire bien des façons;

COMEDIE.

façons, cela vous contraindra un peu, mais qu'y faire; il faut par fois se faire violence.

Mademoiselle MOLIERE.

Certes, Madame, je vous ay reconnuë de loin, & j'ay bien veu à vostre air que ce ne pouvoit estre une autre que vous.

Mademoiselle DU PARC.

Vous voyez, je viens attendre icy la sortie d'un homme avec qui j'ay une affaire à démesler.

Mademoiselle MOLIERE.

Et moy de mesme.

MOLIERE.

Mesdames voilà des cofres qui vous serviront de fauteüils.

Mademoiselle DU PARC.

Allons, Madame, prenez place, s'il vous plaist.

Mademoiselle MOLIERE.

Aprés vous, Madame.

MOLIERE.

Bon, aprés ces petites ceremonies muettes chacun prendra place, & parlera assis, hors les Marquis, qui tantost se leveront, & tantost s'assoyront suivant leur inquietude naturelle. Parbleu, Chevalier, tu devrois faire prendre medecine à tes canons.

BRECOURT.

Comment?

MOLIERE.

Ils se portent fort mal.

BRECOURT.

Serviteur à la turlupinade.

Mademoiselle MOLIERE.

Mon Dieu, Madame, que je vous trouve le teint d'une blancheur éblouïssante, & les levres d'un couleur de feu surprenant!

Tome VII.   K

Mademoiselle DU PARC.

Ah! que dites-vous-là, Madame, ne me regardez point, je suis du dernier laid aujourd'huy.

Mademoiselle MOLIERE.

Eh, Madame, levez un peu voftre coëffe.

Mademoiselle DU PARC.

Fy, je suis épouvantable, vous dy-je, & je me fais peur à moy-mesme.

Mademoiselle MOLIERE.

Vous estes si belle.

Mademoiselle DU PARC.

Point, point.

Mademoiselle MOLIERE.

Montrez-vous.

Mademoiselle DU PARC.

Ah! fy donc, je vous prie.

Mademoiselle MOLIERE.

De grace.

Mademoiselle DU PARC.

Mon Dieu, non.

Mademoiselle MOLIERE.

Si fait.

Mademoiselle DU PARC.

Vous me desesperez.

Mademoiselle MOLIERE.

Un moment.

Mademoiselle DU PARC.

Ahy.

Mademoiselle MOLIERE.

Resolument vous vous montrerez, on ne peut point se passer de vous voir.

Mademoiselle DU PARC.

Mon Dieu, que vous estes une étrange personne, vous voulez furieusement ce que vous voulez.

Mademoiselle MOLIERE.

Ah! Madame, vous n'avez aucun desavantage à

COMEDIE. 115

paroistre au grand jour je vous jure. Les méchantes gens qui assuroient que vous mettiez quelque chose ; vrayment je les dementiray bien maintenant ?

Mademoiselle DU PARC.

Helas ! je ne sçay pas seulement ce qu'on appelle mettre quelque chose. Mais où vont ces Dames ?

SCENE V.

MADEMOISELLE DE BRIE, MADEMOISELLE DU PARC, &c.

MADEMOISELLE DE BRIE.

Vous voulez bien, Mesdames, que nous vous donnions en passant la plus agreable nouvelle du monde. Voilà Monsieur Lysidas qui vient de nous avertir qu'on a fait une piece contre Moliere, que les grands Comediens vont joüer.

MOLIERE.

Il est vray, on me l'a voulu lire, & c'est un nommé Br Brou Brossaut qui l'a faite.

DU CROISY.

Monsieur, elle est affichée sous le nom de Boursaut, mais à vous dire le secret, bien des gens ont mis la main à cet ouvrage, & l'on en doit concevoir une assez haute attente. Comme tous les Autheurs, & tous les Comediens regardent Moliere comme leur plus grand ennemy, nous nous sommes tous unis pour le desservir ; chacun de nous a donné un coup de pinceau à son portrait, mais nous nous sommes bien gardez d'y mettre nos noms ; il luy auroit esté trop glorieux de suc-

K ij

comber aux yeux du monde, sous les efforts de tout le Parnasse; & pour rendre sa défaite plus ignominieuse, nous avons voulu choisir tout exprés un Autheur sans reputation.

Mademoiselle DU PARC.

Pour moy je vous avouë que j'en ay toutes les joyes imaginables.

MOLIERE.

Et moy aussi. Par le sang-bleu le railleur sera raillé, il aura sur les doigts ma foy.

Mademoiselle DU PARC.

Cela luy apprendra à vouloir satyriser tout. Comment cet impertinent ne veut pas que les Femmes ayent de l'esprit, il condamne toutes nos expressions élevées, & pretend que nous parlions toûjours terre à terre.

Mademoiselle DE BRIE.

Le langage n'est rien; mais il censure toûs nos attachemens quelque innocens qu'ils puissent estre, & de la façon qu'il en parle, c'est estre criminelle que d'avoir du merite.

Mademoiselle DU CROISY.

Cela est insuportable, il n'y a pas une femme qui puisse plus rien faire, que ne laisse-t'il en repos nos maris, sans leur ouvrir les yeux, & leur faire prendre garde à des choses, dont ils ne s'avisent pas.

Mademoiselle BEJART.

Passe pour tout cela, mais il satyrise mesme les Femmes de bien, & ce méchant plaisant leur donne le titre d'honnestes diablesses.

Mademoiselle MOLIERE.

C'est un impertinent, il faut qu'il en ait tout le soû.

DU CROISY.

La representation de cette Comedie, Madame,

aura besoin d'estre appuyée, & les Comediens de l'Hostel....

Mademoiselle DU PARC.

Mon Dieu, qu'ils n'apprehendent rien, je leur garantis le succés de leur piece corps pour corps.

Mademoiselle MOLIERE.

Vous avez raison, Madame, trop de gens sont interessez à la trouver belle. Je vous laisse à penser si tous ceux qui se croyent satyrisez par Moliere, ne prendront pas l'occasion de se vanger de luy en applaudissant à cette Comedie

BRECOURT.

Sans doute, & pour moy je répons de douze Marquis, de six Precieuses, de vingt Coquettes, & de trente Cocus, qui ne manqueront pas d'y batre des mains.

Mademoiselle MOLIERE.

En effet. Pourquoy aller offenser toutes ces personnes-là, & particulierement les Cocus, qui sont les meilleurs gens du monde ?

MOLIERE.

Par la sang-bleu, on m'a dit qu'on le va dauber luy & toutes ses Comedies de la belle maniere, & que les Comediens & les Autheurs, depuis le cedre jusqu'à l'hyssope sont diablement animez contre luy.

Mademoiselle MOLIERE.

Cela luy sied fort bien, pourquoy fait-il de méchantes pieces que tout Paris va voir, & où il peint si bien les gens que chacun s'y connoist ; que ne fait-il des Comedies comme celles de Monsieur Lysidas, il n'auroit personne contre luy, & tous les Autheurs en diroient du bien. Il est vray que de semblables Comedies n'ont pas ce grand concours de monde ; mais en revanche elles sont toûjours bien écrites, personne n'écrit contre-elles, & tous ceux qui les voyent meurent d'envie de les trouver belles.

DU CROISY.
Il est vray que j'ay l'avantage de ne point faire d'ennemis, & que tous mes ouvrages ont l'approbation des sçavans.

Mademoiselle MOLIERE.
Vous faites bien d'estre content de vous, cela vaut mieux que tous les applaudissemens du public, & que tout l'argent qu'on sçauroit gagner aux pieces de Moliere. Que vous importe qu'il vienne du monde à vos Comedies, pourveu qu'elles soyent approuvées par Messieurs vos Confreres.

LA GRANGE.
Mais quand joüera-t'on le portrait du Peintre ?

DU CROISY.
Je ne sçay, mais je me prepare fort à paroistre des premiers sur les rangs, pour crier voilà qui est beau.

MOLIERE.
Et moy de mesme parbleu.

LA GRANGE.
Et moy aussi, Dieu me sauve.

Mademoiselle DU PARC.
Pour moy j'y payeray de ma personne comme il faut, & je répons d'une bravoure d'approbation qui mettra en déroute tous les jugemens ennemis, c'est bien la moindre chose que nous devions faire, que d'épauler de nos loüanges le vangeur de nos interests.

Mademoiselle MOLIERE.
C'est fort bien dit.

Mademoiselle DE BRIE.
Et ce qu'il nous faut faire toutes.

Mademoiselle BEJART.
Assurement.

COMEDIE.

Mademoiselle DU CROISY.
Sans doute.

Mademoiselle HERVE'.
Point de cartier à ce contrefaiseur de gens.

MOLIERE.
Ma foy, Chevalier, mon amy, il faudra que ton Moliere se cache?

BRECOURT.
Qui luy! je te promets Marquis qu'il fait dessein d'aller sur le Theatre rire avec tous les autres du portrait qu'on a fait de luy.

MOLIERE.
Parbleu ce sera donc du bout des dents qu'il y rira.

BRECOURT.
Va, va, peut-estre qu'il y trouvera plus de sujets de rire que tu ne penses. On m'a montré la piece, & comme tout ce qu'il y a d'agreable, sont effectivement les idées qui ont esté prises de Moliere, la joye que cela pourra donner n'aura pas lieu de luy déplaire sans doute; car pour l'endroit où on s'efforce de le noircir, je suis le plus trompé du monde si cela est approuvé de personne. Et quant à tous les gens qu'ils ont tâché d'animer contre luy, sur ce qu'il fait, dit-on, des portraits trop ressemblans, outre que cela est de fort mauvaise grace, je ne vois rien de plus ridicule & de plus mal repris, & je n'avois pas crû jusqu'icy que ce fust un sujet de blâme pour un Comedien, que de peindre trop bien les Hommes.

LA GRANGE.
Les Comediens m'ont dit qu'ils l'attendoient sur la réponse, & que....

BRECOURT.
Sur la réponse! Ma foy je le trouverois un grand fou, s'il se mettoit en peine de répondre à leurs

invectives, tout le monde sçait assez de quel motif elles peuvent partir; & la meilleure réponse qu'il leur puisse faire, c'est une Comedie qui réüsisse comme toutes ses autres. Voilà le vray moyen de se vanger d'eux comme il faut, & de l'humeur dont je les connois; je suis fort assuré qu'une piece nouvelle qui leur enlevera le monde les fâchera bien plus, que toutes les satyres qu'on pourroit faire de leurs personnes.

MOLIERE.

Mais, Chevalier....

Mademoiselle BEJART.

Souffrez que j'interrompe pour un peu la repetition, voulez-vous que je vous die, si j'avois esté en vostre place, j'aurois poussé les choses autrement. Tout le monde attend de vous une réponse vigoureuse, & aprés la maniere dont on m'a dit que vous estiez traité dans cette Comedie, vous estiez en droit de tout dire contre les Comediens, & vous deviez n'en épargner aucun.

MOLIERE.

J'enrage de vous oüir parler de la sorte, & voilà vostre manie à vous autres Femmes. Vous voudriez que je prisse feu d'abord contre-eux, & qu'à leur exemple j'allasse éclater promptement en invectives & en injures. Le bel honneur que j'en pourrois tirer, & le grand dépit que je leur ferois. Ne se sont-ils pas preparez de bonne volonté à ces sortes de choses; & lors qu'ils ont deliberé s'ils joüeroient le portrait du Peintre, sur la crainte d'une riposte, quelques-uns d'entre-eux n'ont-ils pas répondu qu'il nous rende toutes les injures qu'il voudra, pourveu que nous gagnions de l'argent? N'est-ce pas là la marque d'une ame fort sensible à la honte, & ne me vâgerois-je pas bien d'eux, en leur donnant ce qu'ils veulent bien recevoir?

Mademoiselle

Mademoiselle DE BRIE.

Ils se sont fort plaint toutefois de trois, ou quatre mots que vous avez dit d'eux dans la Critique, & dans vos Precieuses.

MOLIERE.

Il est vray, ces trois ou quatre mots sont fort offençans, & ils ont grande raison de les citer. Allez, allez, ce n'est pas cela. Le plus grand mal que je leur aye fait, c'est que j'ay eu le bon-heur de plaire un peu plus qu'ils n'auroient voulu, & tout leur procedé depuis que nous sommes venus à Paris a trop marqué ce qui les touche; mais laissons les faire tant qu'ils voudront, toutes leurs entreprises ne doivent point m'inquieter. Ils critiquent mes Pieces, tant mieux, & Dieu me garde d'en faire jamais qui leur plaise, ce seroit une mauvaise affaire pour moy.

Mademoiselle DE BRIE.

Il n'y a pas grand plaisir pourtant à voir déchirer ses ouvrages.

MOLIERE.

Et qu'est-ce que cela me fait, n'ay-je pas obtenu de ma Comedie tout ce que j'en voulois obtenir, puis qu'elle a eu le bon-heur d'agréer aux Augustes personnes, à qui particulierement je m'éforce de plaire? N'ay-je pas lieu d'estre satisfait de sa destinée, & toutes leurs censures ne viennent-elles pas trop tard? Est-ce moy, je vous prie, que cela regarde maintenant; & lors qu'on attaque une piece qui a eu du succés, n'est-ce pas attaquer plûtost le jugement de ceux qui l'ont approuvée, que l'art de celuy qui l'a faite?

Mademoiselle DE BRIE.

Ma foy, j'aurois joüé ce petit Monsieur l'Autheur, qui se mesle d'écrire contre des gens qui ne songent pas à luy.

L'IMPROMPTU DE VERSAILLES,
MOLIERE.

Vous estes folle. Le beau sujet à divertir la Cour, que Monsieur Boursaut. Je voudrois bien sçavoir de quelle façon on pourroit l'ajuster pour le rendre plaisant, & si quand on le berneroit sur un Theatre, il seroit assez heureux pour faire rire le monde, ce luy seroit trop d'honneur, que d'estre joüé devant une auguste Assemblée, il ne demanderoit pas mieux ; & il m'attaque de gayeté de cœur pour se faire connoistre, de quelque façon que ce soit. C'est un homme qui n'a rien à perdre, & les Comediens ne me l'ont deschaîné, que pour m'engager à une sotte guerre, & me détourner par cet artifice des autres ouvrages que j'ay à faire ; & cependant vous estes assez simples pour donner toutes dans ce panneau, mais enfin j'en feray ma déclaration publiquement. Je ne pretends faire aucune réponse à toutes leurs Critiques, & leurs contre-Critiques. Qu'ils disent tous les maux du monde de mes Pieces, j'en suis d'accord. Qu'ils s'en saisissent aprés nous, qu'ils les retournent comme un habit pour les mettre sur leur Theatre, & tâchent à profiter de quelque agrément qu'on y trouve, & d'un peu de bonheur que j'ay, j'y consens, ils en ont besoin ; & je seray bien ayse de contribuer à les faire subsister, pourveu qu'ils se contentent de ce que je puis leur accorder avec bienséance. La courtoisie doit avoir des bornes, & il y a des choses qui ne font rire, ny les spectateurs, ny celuy dont on parle. Je leur abandonne de bon cœur mes ouvrages, ma figure, mes gestes, mes paroles, mon ton de voix, & ma façon de reciter, pour en faire, & dire tout ce qu'il leur plaira, s'ils en peuvent tirer quelque avantage. Je ne m'oppose point à toutes ces choses, & je seray ravy que cela

COMEDIE. 123

puisse réjoüir le monde ; mais en leur abandonnant tout cela, ils me doivent faire la grace de me laisser le reste, & de ne point toucher à des matieres de la nature de celles, sur lesquelles on m'a dit qu'ils m'attaquoient dans leurs Comedies, c'est dequoy je priray civilement cet honneste Monsieur qui se mesle d'écrire pour eux ; & voilà toute la réponse qu'ils auront de moy.

Mademoiselle BEJART.
Mais enfin....

MOLIERE.
Mais enfin, vous me feriez devenir fou. Ne parlons point de cela davantage, nous nous amusons à faire des discours, au lieu de repeter nostre Comedie, où en estions-nous ? je ne m'en souviens plus.

Mademoiselle DE BRIE.
Vous en estiez à l'endroit....

MOLIERE.
Mon Dieu, j'entends du bruit, c'est le Roy qui arrive assurement, & je vois bien que nous n'aurons pas le temps de passer outre, voilà ce que c'est de s'amuser. Oh bien faites donc pour le reste du mieux qu'il vous sera possible.

Mademoiselle BEJART.
Par ma foy la frayeur me prend, & je ne sçaurois aller joüer mon rôle si je ne le repete tout entier.

MOLIERE.
Comment, vous ne sçauriez aller joüer vostre rôle?

Mademoiselle BEJART.
Non.

Mademoiselle DU PARC.
Ny moy le mien.

Mademoiselle DE BRIE.
Ny moy non plus.

L ij

Mademoiselle MOLIERE.

Ny moy.

Mademoiselle HERVE'.

Ny moy.

Mademoiselle DU CROISY.

Ny moy.

MOLIERE.

Que pensez-vous donc faire, vous mocquez-vous toutes de moy ?

SCENE.

BEJART, MOLIERE, &c.

BEJART.

Messieurs, je viens vous avertir que le Roy est venu, & qu'il attend que vous commenciez.

MOLIERE.

Ah ! Monsieur, vous me voyez dans la plus grande peine du monde, je suis desesperé à l'heure que je vous parle, voicy des Femmes qui s'effrayent, & qui disent qu'il leur faut repeter leurs rôles avant que d'aller commencer, nous demandons de grace encore un moment, le Roy a de la bonté, & il sçait bien que la chose a esté precipitée. Eh, de grace, tâchez de vous remettre, prenez courage je vous prie.

Mademoiselle DU PARC.

Vous devez vous aller excuser.

MOLIERE.

Comment m'excuser ?

COMEDIE.
SCENE.

MOLIERE, Mademoiselle BEJART, &c.
Un necessaire.
Messieurs, commencez donc.
MOLIERE.
Tout à l'heure, Monsieur, je croy que je perdray l'esprit de cette affaire-cy, & ....

SCENE.

MOLIERE, Mademoiselle BEJART, &c.
Autre necessaire.
Messieurs, commencez donc.
MOLIERE.
Dans un moment, Monsieur. Et quoy donc, voulez-vous que j'aye l'affront....

SCENE.

MOLIERE, Mademoiselle BEJART, &c.
Autre necessaire.
Messieurs, commencez donc.
MOLIERE.
Oüy, Monsieur, nous y allons. Eh, que de gens se font de feste, & viennent dire commencez donc, à qui le Roy ne l'a pas commandé.

SCENE.

MOLIERE, Mademoiselle BEJART, &c.
Autre necessaire.
Messieurs, commencez donc.
MOLIERE.
Voilà qui est fait, Monsieur. Quoy donc recevray-je la confusion....

SCENE.

BEJART, MOLIERE, &c.

MOLIERE.

Monsieur, vous venez pour nous dire de commencer, mais....

BEJART.

Non, Messieurs, je viens pour vous dire qu'on a dit au Roy l'embaras où vous vous trouviez, & que par une bonté toute particuliere il remet vôtre nouvelle Comedie à une autre fois, & se contente pour aujourd'huy de la premiere que vous pourrez donner.

MOLIERE.

Ah ! Monsieur, vous me redonnez la vie, le Roy nous fait la plus grande grace du monde de nous donner du temps, pour ce qu'il avoit soûhaité ; & nous allons tous le remercier des extrêmes bontez qu'il nous fait paroître.

FIN.

LE FESTIN DE PIERRE.

DOM JUAN,

OU
LE FESTIN DE PIERRE,

COMEDIE.

PAR I. B. P. DE MOLIERE.

Représentée pour la premiere fois, le quinziéme Février 1665. sur le Theatre de la Salle du Palais Royal.

Par la Trouppe de MONSIEUR Frere Unique du Roy.

PERSONNAGES.

DOM JUAN, Fils de Dom Loüis.
SGANARELLE, Valet de Dom Juan.
ELUIRE, Femme de Dom Juan.
GUSMAN, Escuyer d'Eluire.
DOM CARLOS, } Freres d'Eluire.
DOM ALONSE,
DOM LOUIS, Pere de Dom Juan.
FRANCISQUE, Pauvre.
CHARLOTTE, } Paysanes.
MATHURINE,
PIERROT, Paysan.
LA STATUE du Commandeur.
LA VIOLETTE, } Laquais de D. Juan.
RAGOTIN,
MONSIEUR DIMANCHE, Marchand.
LA RAMEE, Spadassin.
SUITTE de Dom Juan.
SUITTE de Dom Carlos, & de Dom Alonse, Freres.
UN SPECTRE.

La Scene est en Sicile.

DOM JUAN,
OU
LE FESTIN DE PIERRE,
COMEDIE.

ACTE PREMIER,
SCENE PREMIERE.

SGANARELLE, GUSMAN.

SGANARELLE *tenant une Tabatiere.*

QUOY que puisse dire Aristote, & toute la Philosophie, il n'est rien d'égal au Tabac, c'est la passion des honnestes gens ; & qui vit sans Tabac, n'est pas digne de vivre ; non seulement il réjoüit, & purge les cerveaux humains ; mais encore il instruit les ames à la vertu, & l'on apprend avec luy à devenir honneste homme. Ne voyez-vous pas bien dés qu'on en prend, de quelle maniere obligeante on en use

avec tout le monde, & comme on est ravy d'en donner à droit, & à gauche, par tout où l'on se trouve? On n'attend pas mesme qu'on en demande, & l'on court au devant du souhait des gens; tant il est vray, que le Tabac inspire des sentimens d'honneur, & de vertu, à tous ceux qui en prennent. Mais c'est assez de cette matiere, reprenons un peu nostre discours. Si bien donc, cher Gusman, que Done Eluire ta Maistresse, surprise de nostre départ, s'est mise en Campagne aprés nous; & son cœur, que mon Maistre a sçeu toucher trop fortement, n'a pû vivre, dis-tu, sans le venir chercher icy? veux-tu qu'entre-nous je te dise m'a pensée; j'ay peur qu'elle ne soit mal payée de son amour, que son voyage en cette Ville produise peu de fruit, & que vous eussiez autant gagné à ne bouger de là.

GUSMAN.

Et la raison encore, dy moy, je te prie, Sganarelle, qui peut t'inspirer une peur d'un si mauvais augure? ton Maistre t'a-t-il ouvert son cœur là-dessus, & t'a t'il dit qu'il eust pour nous quelque froideur qui l'ait obligé à partir?

SGANARELLE.

Non pas, mais à veuë de païs, je connois à peu prés le train des choses, & sans qu'il m'ait encore rien dit, je gagerois presque que l'affaire va là. Je pourrois peut-estre me tromper, mais enfin, sur de tels sujets, l'experience m'a pû donner quelques lumieres.

GUSMAN.

Quoy, ce départ si peu préveu, seroit une infidelité de D. Juan? il pourroit faire cette injure aux chastes feux de D. Eluire?

COMEDIE.
SGANARELLE
Non, c'est qu'il est jeune encore, & qu'il n'a pas le courage.
GUSMAN.
Un homme de sa qualité feroit une action si lâche?
SGANARELLE.
Eh oüy; sa qualité! la raison en est belle, & c'est par là qu'il s'empescheroit des choses.
GUSMAN.
Mais les saints nœuds du mariage le tiennent engagé.
SGANARELLE.
Eh! mon pauvre Gusman, mon amy, tu ne sçais pas encore, croy moy, quel homme est D. Juan.
GUSMAN.
Je ne sçay pas de vray quel homme il peut estre, s'il faut qu'il nous ait fait cette perfidie, & je ne comprends point, comme aprés tant d'amour, & tant d'impatience témoignée, tant d'hommages pressants, de vœux, de soûpirs, & de larmes, tant de lettres passionnées, de protestations ardentes, & de sermens reïterez; tant de transports, enfin, & tant d'emportemens qu'il a fait paroistre, jusqu'à forcer dans sa passion l'obstacle sacré d'un Convent, pour mettre D. Elvire en sa puissance; je ne comprends pas, dis-je, comme aprés tout cela il auroit le cœur de pouvoir manquer à sa parole.
SGANARELLE.
Je n'ay pas grande peine à le comprendre moy, & si tu connoissois le pelerin, tu trouverois la chose assez facile pour luy. Je ne dis pas qu'il ait changé de sentimens pour D. Elvire, je n'en ay point de certitude encore; tu sçais que par son ordre je partis avant luy, & depuis son arrivée

il ne m'a point entretenu, mais par precaution, je t'apprens (*inter nos*,) que tu vois en D. Juan mon Maistre, le plus grand scelerat que la terre ait jamais porté, un enragé, un chien, un Demon, un Turc, un Heretique, qui ne croit, ny Ciel, ny Enfer, ny Diable, qui passe cette vie en veritable beste-brute, un pourceau d'Epicure, un vray Sardanapale, qui ferme l'oreille à toutes les remontrances qu'on luy peut faire, & traite de billevezées tout ce que nous croyons. Tu me dis qu'il a épousé ta Maîtresse, croy qu'il auroit plus fait pour sa passion, & qu'avec elle il auroit encore épousé toy, son chien, & son chat. Un Mariage ne luy coûte rien à contracter, il ne se sert point d'autres pieges pour attraper les belles, & c'est un épouseur à toutes mains, Dame, Demoiselle, Bourgeoise, Païsane, il ne trouve rien de trop chaud, ny de trop froid pour luy; & si je te disois le nom de toutes celles qu'il a épousées en divers lieux, ce seroit un chapitre à durer jusques au soir. Tu demeures surpris, & changes de couleur à ce discours; ce n'est-là qu'une ébauche du personnage, & pour en achever le portrait, il faudroit bien d'autres coups de pinceau, suffit qu'il faut que le courroux du Ciel l'accable quelque jour: qu'il me faudroit bien mieux d'estre au diable, que d'estre à luy, & qu'il me fait voir tant d'horreurs, que je souhaiterois qu'il fust déja je ne sçay où; mais un grand Seigneur méchant homme est une terrible chose; il faut que je luy sois fidele en dépit que j'en aye, la crainte en moy fait l'office du zele, bride mes sentimens, & me reduit d'applaudir bien souvent à ce que mon ame deteste. Le voila qui vient se promener dans ce Palais, separons-nous, écoute, au moins, je t'ay fait cette confidence avec franchise, & cela m'est sorty un peu bien viste de la bouche; mais s'il faloit qu'il en vinst quelque chose à ses oreilles, je dirois hautement que tu aurois menty.

SCENE II.

D. JUAN, SGANARELLE.

D. JUAN.

Quel homme te parloit-là, il a bien de l'air ce me semble du bon Gusman de D. Elvire?

SGANARELLE.

C'est quelque chose aussi à peu prés de cela.

D. JUAN.

Quoy, c'est luy?

SGANARELLE.

Luy-mesme.

D. JUAN.

Et depuis quand est-il en cette Ville?

SGANARELLE.

D'hier au soir.

D. JUAN.

Et quel sujet l'ameine?

SGANARELLE.

Je croy que vous jugez assez ce qui le peut inquieter.

D. JUAN.

Nostre départ, sans doute?

SGANARELLE.

Le bon homme en est tout mortifié, & m'en demandoit le sujet.

D. JUAN.
Et quelle réponse as-tu faite?

SGANARELLE.
Que vous ne m'en aviez rien dit.

D. JUAN.
Mais encore, quelle est ta pensée là-dessus, que t'imagines-tu de cette affaire?

SGANARELLE.
Moy, je croy sans vous faire tort, que vous avez quelque nouvel amour en teste.

D. JUAN.
Tu le crois?

SGANARELLE.
Oüy.

D. JUAN.
Ma foy, tu ne te trompes pas, & je dois t'avoüer qu'un autre objet a chassé Elvire de ma pensée.

SGANARELLE.
Eh, mon Dieu, je sçay, mon Dom Iuan, sur le bout du doigt, & connois vostre cœur pour le plus grand coureur du monde, il se plaist à se promener de liens en liens, & n'aime guere à demeurer en place.

D. JUAN.
Et ne trouves tu pas, dy moy, que j'ay raison d'en user de la sorte?

SGANARELLE.
Eh, Monsieur.

D. JUAN.
Quoy, parle?

SGANARELLE.
Assurement que vous avez raison, si vous le voulez, on ne peut pas aller là contre; mais si vous ne le voulez pas, ce seroit peut-estre une autre affaire.

D. JUAN.

COMEDIE.

D. JUAN.

Et bien, je te donne la liberté de parler, & de me dire tes sentimens.

SGANARELLE.

En ce cas, Monsieur, je vous diray franchement que je n'approuve point vostre methode, & que je trouve fort vilain d'aimer de tous costez comme vous faites.

D. JUAN.

Quoy ? tu veux qu'on se lie à demeurer au premier objet qui nous prend, qu'on renonce au monde pour luy, & qu'on n'ait plus d'yeux pour personne ? La belle chose de vouloir se picquer d'un faux honneur d'estre fidelle, de s'ensevelir pour toûjours dans une passion, & d'estre mort dés sa jeunesse, à toutes les autres beautez qui nous peuvent frapper les yeux : non, non, la constance n'est bonne que pour des ridicules, toutes les Belles ont droit de nous charmer, & l'avantage d'estre rencontrée la premiere, ne doit point dérober aux autres les justes pretentions qu'elles ont toutes sur nos cœurs. Pour moy, la beauté me ravit par tout où je la trouve ; & je cede facilement à cette douce violence, dont elle nous entraisne ; j'ay beau estre engagé, l'amour que j'ay pour une belle, n'engage point mon ame à faire injustice aux autres ; je conserve des yeux pour voir le merite de toutes, & rends à chacune les hommages, & les tributs où la nature nous oblige. Quoy qu'il en soit, je ne puis refuser mon cœur à tout ce que je voy d'aimable, &

Tome VII. M

dés qu'un beau visage me le demande, si j'en avois dix mille, je les donnerois tous. Les inclinations naissantes aprés tout, ont des charmes inexplicables, & tout le plaisir de l'amour est dans le changement. On goûte une douceur extrême à reduire par cent hommages le cœur d'une jeune beauté, à voir de jour en jour les petits progrés qu'on y fait ; à combatre par des transports, par des larmes, & des soûpirs, l'innocente pudeur d'une ame, qui a peine à rendre les armes, à forcer pied à pied toutes les petites resistances qu'elle nous oppose, à vaincre les scrupules dont elle se fait un honneur, & la mener doucement, où nous avons envie de la faire venir. Mais lors qu'on en est maistre une fois, il n'y a plus rien à dire, ny rien à souhaiter, tout le beau de la passion est fray, & nous nous endormons dans la tranquillité d'un tel amour, si quelque objet nouveau ne vient réveiller nos desirs, & presenter à nostre cœur les charmes attrayants d'une conqueste à faire. Enfin, il n'est rien de si doux, que de triompher de la resistance d'une belle personne, & j'ay sur ce sujet l'ambition des Conquerants, qui volent perpetuellement de victoire en victoire, & ne peuvent se resoudre à borner leurs souhaits. Il n'est rien qui puisse arrester l'impetuosité de mes desirs, je me sens un cœur à aimer toute la terre ; & comme Alexandre, je souhaiterois qu'il y eust d'autres mondes, pour y pouvoir étendre mes conquestes amoureuses.

SGANARELLE.

Vertu de ma vie, comme vous debitez ; il semble que vous ayez appris cela par cœur, & vous parlez tout comme un Livre.

COMEDIE

D. JUAN.
Qu'as-tu à dire là-dessus?

SGANARELLE.

Ma foy, j'ay à dire.... je ne sçay que dire; car vous tournez les choses d'une maniere, qu'il semble que vous avez raison, & cependant il est vray que vous ne l'avez pas. J'avois les plus belles pensées du monde, & vos discours m'ont brouillé tout cela ; laissez faire, une autre fois je mettray mes raisonnemens par écrit, pour disputer avec vous.

D. JUAN.

Tu feras bien.

SGANARELLE.

Mais, Monsieur, cela seroit-il de la permission que vous m'avez donnée, si je vous disois que je suis tant soit peu scandalisé de la vie que vous menez?

D. JUAN.

Comment, quelle vie est-ce que je meine?

SGANARELLE.

Fort bonne. Mais par exemple de vous voir tous les mois vous marier comme vous faites.

D. JUAN.

Y a-t-il rien de plus agreable?

SGANARELLE.

Il est vray, je conçois que cela est fort agreable, & fort divertissant, & je m'en accommoderois assez moy, s'il n'y avoit point de mal, mais, Monsieur, se joüer ainsi du mariage qui....

D. JUAN.

Va, va, c'est une affaire que je sçauray bien démêler, sans que tu t'en mettes en peine.

SGANARELLE.

Ma foy, Monsieur, vous faites une méchante raillerie.

M ij

D. JUAN.

Hola, maistre sot, vous sçavez que je vous ay dit que je n'aime pas les faiseurs de remontrances.

SGANARELLE.

Je ne parle pas aussi à vous, Dieu m'en garde, vous sçavez ce que vous faites vous, & si vous estes libertin, vous avez vos raisons; mais il y a de certains petits impertinents dans le monde, qui le font, sans sçavoir pourquoy, qui font les esprits forts, parce qu'ils croyent que cela leur sied bien; & si j'avois un Maistre comme cela, je luy dirois nettement le regardant en face : C'est bien à vous petit verre de terre, petit mirmidon que vous estes, (je parle au Maistre que j'ay dit,) c'est bien à vous à vouloir vous mêler de tourner en raillerie, ce que tous les hommes reverent. Pensez-vous que pour estre de qualité, pour avoir une perruque blonde, & bien frisée, des plumes à vostre chapeau, un habit bien doré, & des rubans couleur de feu; (ce n'est pas à vous que je parle, c'est à l'autre;) pensez-vous, dis-je, que vous en soyez plus habile homme, que tout vous soit permis, & qu'on n'ose vous dire vos veritez; Apprenez de moy, qui suis vostre Valet, que les libertins ne font jamais une bonne fin, & que....

D. JUAN.

Paix.

SGANARELLE.

De quoy est-il question ?

D. JUAN.

Il est question de te dire, qu'une beauté me tient au cœur, & qu'entraîné par ses appas, je l'ay suivie jusqu'en cette Ville.

COMEDIE.
SGANARELLE.

Et ne craignez-vous rien, Monsieur, de la mort de ce Commandeur que vous tuastes il y a six mois ?

D. JUAN.

Et pourquoy craindre, ne l'ay-je pas bien tué ?

SGANARELLE.

Fort bien, le mieux du monde, & il auroit tort de se plaindre.

D. JUAN.

J'ay eu ma grace de cette affaire.

SGANARELLE.

Oüy, mais cette grace n'éteint pas peut-estre le ressentiment des parens & des amis ; & ....

D. JUAN.

Ah ! n'allons point songer au mal qui nous peut arriver, & songeons seulement à ce qui nous peut donner du plaisir. La personne dont je te parle, est une jeune Fiancée, la plus agreable du monde, qui a esté conduite icy par celuy mesme qu'elle y vient épouser ; & le hazard me fit voir ce couple d'Amans, trois ou quatre jours avant leur voyage. Jamais je n'ay veu deux personnes estre si contens l'un de l'autre, & faire éclater plus d'amour. La tendresse visible de leurs mutuelles ardeurs me donna de l'émotion ; j'en fus frappé au cœur, & mon amour commença par la jalousie. Oüy, je ne pûs souffrir d'abord de les voir si bien ensemble, le dépit allarma mes desirs, & je me figuray un plaisir extrême, à pouvoir troubler leur intelligence, & rompre cét attachement, dont la delicatesse de mon cœur se tenoit offensée ; mais jusques icy tous mes efforts ont esté inutiles, & j'ay recours au dernier remede. Cét époux pretendu doit aujourd'huy regaler sa Maistresse d'une promenade sur mer, sans t'en avoir rien dit, toutes choses sont preparées pour satisfaire mon amour, & j'ay une petite Barque, & des gens, avec quoy fort facilement je pretends enlever la Belle.

SGANARELLE.

Ha! Monsieur....

D. JUAN.

Hen?

SGANARELLE.

C'est fort bien fait à vous, & vous le prenez comme il faut, il n'est rien tel en ce monde, que de se contenter.

D. JUAN.

Prepare-toy donc à venir avec moy, & prend soin toy-mesme d'apporter toutes mes armes, afin que... (*Il apperçoit D. Elvire*) Ah! rencontre fascheuse, traistre, tu ne m'avois pas dit qu'elle estoit icy elle-mesme.

SGANARELLE.

Monsieur, vous ne me l'avez pas demandé.

D. JUAN.

Est-elle folle de n'avoir pas changé d'habit, & de venir en ce lieu-cy, avec son équipage de campagne?

SCENE III.

D. ELVIRE, D. JUAN, SGANARELLE.
D. ELVIRE.

ME ferez-vous la grace, D. Juan, de vouloir bien me reconnoistre, & puis-je au moins esperer que vous daigniez tourner le visage de ce costé?

COMEDIE.
D. JUAN.

Madame, je vous avoüe que je suis surpris, & que je ne vous attendois pas icy.

D. ELVIRE.

Oüy je voy bien que vous ne m'y attendiez pas, & vous estes surpris à la verité, mais tout autrement que je ne l'esperois, & la maniere dont vous le paroissez, me persuade pleinement ce que je refusois de croire. J'admire ma simplicité, & la foiblesse de mon cœur, à douter d'une trahison, que tant d'apparences me confirmoient. J'ay esté assez bonne, je le confesse, ou plûtost assez sotte, pour me vouloir tromper moy-mesme, & travailler à démentir mes yeux & mon jugement. J'ay cherché des raisons, pour excuser à ma tendresse le relaschement d'amitié qu'elle voyoit en vous ; & je me suis forgé exprés cent sujets legitimes d'un départ si precipité, pour vous justifier du crime, dont ma raison vous accusoit. Mes justes soupçons chaque jour avoient beau me parler, j'en rejettois la voix qui vous rendoit criminel à mes yeux, & j'écoutois avec plaisir mille chimeres ridicules, qui vous peignoient innocent à mon cœur ; mais enfin cét abord ne me permet plus de douter, & le coup d'œil qui m'a receuë, m'apprend bien plus de choses, que je ne voudrois en sçavoir. Je seray bien aise pourtant d'oüir de vostre bouche les raisons de vostre depart. Parlez, D. Juan, je vous prie ; & voyons de quel air vous sçaurez vous justifier.

D. JUAN.

Madame, voilà Sganarelle, qui sçait pourquoy je suis party.

SGANARELLE.

Moy, Monsieur, je n'en sçay rien, s'il vous plaist.

D. ELVIRE.

Hé bien, Sganarelle, parlez, il n'importe de quelle bouche j'entende ses raisons.

D. JUAN *faisant signe d'approcher à Sganarelle.*

Allons, parle donc à Madame.

SGANARELLE.

Que voulez-vous que je dise?

D. ELVIRE.

Approchez, puis qu'on le veut ainsi, & me dites un peu les causes d'un départ si prompt.

D. JUAN.

Tu ne répondras pas?

SGANARELLE.

Je n'ay rien à répondre, vous vous moquez de vostre Serviteur.

D. JUAN.

Veux-tu répondre, te dis-je?

SGANARELLE.

Madame....

D. ELVIRE.

Quoy?

SGANARELLE *se retournant vers son Maistre.*

Monsieur....

D. JUAN *en le menaçant.*

Si....

SGANARELLE.

Madame, les Conquerants, Alexandre, & les autres Mondes sont cause de nostre départ; voila, Monsieur, tout ce que puis dire.

D. ELVIRE.

Vous plaist il, D. Juan, nous éclaircir ces beaux mysteres?

D. JUAN.

Madame, à vous dire la verité.

D. ELVIRE.

D. ELVIRE.

Ah, que vous sçavez mal vous défendre pour un homme de Cour, & qui doit estre accoûtumé à ces sortes de choses ! J'ay pitié de vous voir la confusion que vous avez. Que ne vous armez-vous le front d'une noble effronterie ? que ne me jurez-vous que vous estes toûjours dans les mesmes sentimens pour moy, que vous m'aimez toûjours avec une ardeur sans égale, & que rien n'est capable de vous détacher de moy que la mort ! que ne me dites-vous que des affaires de la derniere consequence vous ont obligé à partir sans m'en donner avis, qu'il faut que malgré vous vous demeuriez icy quelque temps, & que je n'ay qu'à m'en retourner d'où je viens, assurée que vous suivrez mes pas le plûtost qu'il vous sera possible: Qu'il est certain que vous brûlez de me rejoindre, & qu'éloigné de moy, vous souffrez ce que souffre un corps qui est separé de son ame. Voila comme il faut vous défendre, & non pas estre interdit comme vous estes.

D. JUAN.

Je vous avoüe, Madame, que je n'ay point le talent de dissimuler, & que je porte un cœur sincere. Je ne vous diray point que je suis toûjours dans les mesmes sentimens pour vous, & que je brûle de vous rejoindre, puis qu'enfin il est assuré que je ne suis party que pour vous fuir; non point par les raisons que vous pouvez vous figurer, mais par un pur motif de conscience, & pour ne croire pas qu'avec vous davantage je puisse vivre sans peché. Il m'est venu des scrupules, Madame, & j'ay ouvert les yeux de l'ame sur ce que je faisois. J'ay fait reflexion que pour vous épouser, je vous ay dérobée à la closture d'un Convent, que vous avez rompu des vœux, qui vous engageoient aure part, & que le Ciel est fort jaloux de ces sortes de choses. Le repentir m'a pris, & j'ay craint le couroux celeste. J'ay cru que nostre mariage n'estoit qu'un adultere déguisé, qu'il nous attireroit quelque disgrace d'enhaut, & qu'enfin je devois tascher de vous oublier, & vous donner moyen de retourner à vos premieres chaisnes. Voudriez-vous, Madame, vous opposer à une si sainte pensée, & que j'allasse, en vous retenant me mettre le Ciel sur les bras, que par....

D. ELVIRE.

Ah ! scelerat, c'est maintenant que je te connois tout entier, & pour mon malheur, je te connois lors qu'il n'en est plus temps, & qu'une telle connoissance ne peut plus me servir qu'à me desesperer ; mais sçache que ton crime ne demeurera pas impuny ; & que le mesme Ciel dont tu te joües, me sçaura vanger de ta perfidie.

D. JUAN.

Madame.

D. ELVIRE.

Il suffit, je n'en veux pas oüir davantage, & je m'accuse mesme d'en avoir trop entendu. C'est une lâcheté que de se faire expliquer trop sa honte ; & sur de tels sujets, un noble cœur au premier mot doit prendre son party. N'attends pas que j'éclate icy en reproches & en injures, non, non, je n'ay point un couroux à exhaler en paroles vaines, & toute sa chaleur se reserve pour sa vengeance. Je te le dis encore, le Ciel te punira, perfide, de l'outrage que tu me fais, & si le Ciel

COMEDIE.

n'a rien que tu puisse apprehender, apprehende du moins la colere d'une Femme offencée.

SGANARELLE.

Si le remords le pouvoit prendre.

D. JUAN *aprés une petite reflexion.*

Allons songer à l'execution de nostre entreprise amoureuse.

SGANARELLE.

Ah, quel abominable Maître me vois-je obligé de servir !

Fin du premier Acte.

ACTE II.

SCENE PREMIERE.

CHARLOTTE, PIERROT.

CHARLOTE.

Oſtre-dinſe, Piarrot, tu t'es trouvé là bien à point.
PIERROT.
Parquienne, il ne s'en est pas falu l'époiſſeur d'une éplinque, qu'ils ne ſe ſayant nayez tous deux.
CHARLOTE.
C'est donc le coup de vent da matin qui les avoit ranvarſez dans la mar.
PIERROT.
Aga guien, Charlote, je m'en vas te conter tout fin drait comme cela est venu : car, comme dit l'autre, je les ay le premier aviſez, aviſez le premier je les ay. Enfin donc, j'eſtions ſur le bord de la mar, moy & le gros Lucas, & je nous amuſions à batifoler avec des mottes de tarre que je nous jeſquions à la teſte : car comme tu ſçais bian, le gros Lucas aime à batifoler, & moy par

fouas je batifole itou. En batifolant donc, pisque batifoler y a, j'ay apparceu de tout loin queuque chose qui groüilloit dans gliau, & qui venoit comme envars nou par secousse. Je voyois cela fixiblement, & pis tout d'un coup je voyois que je ne voyois plus rien. Eh, Lucas, çay-je fait, je pense que ula des hommes qui nageant là-bas. Voire, ce ma til fait, t'as esté au trépassement d'un chat, tas la veuë trouble. Pal sanquienne, çay je fait, je n'ay point la veuë trouble, ce sont des hommes. Point du tout, ce ma til fait, t'as la barluë. Veux tu gager, çay je fait, que je nay point la barluë, çay je fait, & que sont deux hommes, çay je fait, qui nageant droit icy, çay je fait. Morquenne, ce ma til fait, je gage que non, o ça, çay je fait, veux tu gager dix sols que si ? Je le veux bian, ce ma til fait, & pour te montrer, ula argent su jeu, ce ma til fait. Moy, je n'ay point esté ny fou, ny estourdy, j'ay bravement bouté à tarre quatre pieces tapées, & cinq sols en doubles, jergniguenne aussi hardiment que si j'avois avalé un varre de vin: car je ses hazardeux moy, & je vas à la debandade. Je sçavois bian ce que je faisois pourtant, queuque guiais ! Enfin donc, je n'avons pas putost eü gagé que javon veu les deux hommes tout à plain qui nous faisiant signe de les aller querir, & moy de tirer auparavant les enjeux. Allons, Lucas, çay je dit, tu vois bian qu'ils nous appellont : allons viste à leu secours. Non, ce ma til dit, ils mont fait pardre. O donc tanquia, qua la par fin pour le faire court, je l'ay tant sarmoñé, que je nous sommes boutez dans une barque, & pis j'avons tant fait cahin, caha, que je les avons tirez de gliau, & pis je les avons menez cheux nous auprés du feu, & pis ils se sant depoüillez tous nuds pour se secher, & pis il y en est venu encor deux de la mesme bande qui se‑ quiant sauvez tout seul, & pis Maturine est ar‑ rivée là à qui l'en a fait les doux yeux, ula juste‑ ment, Charlote, comme tout ça s'est fait.

CHARLOTE.

e m'as-tu pas dit, Piarrot, qu'il y en a un qu'est bien pû mieux fait que les autres.

PIERROT.

Oüy, c'est le Maître, il faut que ce soit queu‑ que gros gros Monsieur, car il a du dor à son habit tout de pis le haut jusqu'en bas, & ceux qui le servont sont des Monsieux eux-mesme, & sta‑ pandant, tout gros Monsieur qu'il est, il seroit par ma fique nayé si je n'aviomme esté là.

CHARLOTE.

Ardez un peu.

PIERROT.

O Parquenne, sans nous, il en avoit pour sa maine de féves.

CHARLOTE.

Est-il encore cheux toy tout nu, Piarrot.

PIERROT.

Nannain, ils l'avont r'habillé tout devant nous. Mon quieu, je n'en avois jamais veu s'ha‑ biller, que d'histoires & dangigorniaux boutont ces Messieus-là les Courtisans, je me pardrois là dedans pour moy, & j'estois tout ebobi de voir ça. Quien, Charlote, ils avont des cheveux qui ne tenont point à leu teste, & il boutont ça aprés tout comme un gros bonnet de filace. Ils ant des chemises qui ant des manches où j'entre‑ rions tout brandis toy & moy. En glieu d'haut de chausse, ils portont un garderobe aussi large que d'icy à Pasque, en glieu de pourpoint, de petites brassieres, qui ne leu venont pas usqu'au brichet, & en glieu de rabas un grand mouchoir de cou à reziau aveuc quatre grosses houpes de linge qui leu pendont sur l'estomaque. Ils avont itou d'autres petits rabats au bout des bras, & de grands entonnois de passement aux jambes, & parmy tout ça tant de rubans, tant de rubans, que c'est une vraye piquié. Ignia pas jusqu'au soulier qui n'en soiont farcis tout de pis un bout jusqu'à l'autre, & ils sont faits d'eune façon que je me romprois le cou aveuc.

CHARLOTE.

Par ma fy, Piarrot, il faut que j'aille voir un peu ça.

PIERROT.

O acoute un peu auparavant, Charlote, j'ay queuque autre chose à te dire, moy.

CHARLOTE.

Et bian, dy, qu'est-ce que c'est.

PIERROT.

Vois-tu, Charlote, il faut, comme dit l'autre, que je débonde mon cœur. Je t'aime, tu le sçais bian, & je somme pour estre mariez ensemble, mais marquenne, je ne suis point satisfait de toy.

CHARLOTE.

Quement ? qu'est-ce que c'est donc qu'iglia ?

PIERROT.

Iglia que tu me chagraignes l'esprit franchement.

CHARLOTE.

Et quement donc ?

PIERROT.

Testiguienne, tu ne m'aimes point.

CHARLOTE.

Ah, ah, n'est-que ça ?

PIERROT.

Oüy, ce n'est que ça, & c'est bian assez.

CHARLOTE.

Mon quieu, Piarrot, tu me viens toujou dire la mesme chose.

PIERROT.

Je te dis toujou la mesme chose, parce que c'est toujou la mesme chose, & si ce n'estoit pas toujou la mesme chose, je ne te dirois pas toujou la mesme chose.

CHARLOTE.

Mais, qu'est-ce qu'il te faut? que veux-tu?

PIERROT.

Jerniquenne, je veux que tu m'aimes.

CHARLOTE.

Est-ce que je ne t'aime pas?

PIERROT.

Non, tu ne m'aimes pas, & si je fais tout ce que je pis pour ça. Je tachete sans reproche des rubans à tout les Marciers qui passont, je me romps le cou à taller denicher des marles, je fais joüer pour toy les Vielleux quand ce vient ta feste, & tout ça comme si je me frapois la teste contre un mur. Vois-tu, ça ny biau ny honneste de n'aimer pas les gens qui nous aimont.

CHARLOTE.

Mais, mon guieu, je t'aime aussi.

PIERROT.

Oüy, tu m'aimes d'une belle deguaine.

CHARLOTE.

Quement veux tu donc qu'on fasse?

PIERROT.

Je veux que l'en fasse comme l'en fait quand l'en aime comme il faut.

CHARLOTE.

Ne t'aimay-je pas aussi comme il faut?

COMEDIE.
PIERROT.

Non, quand ça est, ça se void, & l'en fait mille petites singeries aux personnes quand on les aime du bon du cœur. Regarde la grosse Thomasse comme elle est assotée du jeune Robain, alle est toujou autour de ly à lagacer, & ne le laisse jamais en repos. Toujou al ly fait queuque niche, ou ly baille quelque taloche en passant, & l'autre jour qu'il estoit assis sur un escabiau, al fut le tirer de dessous ly, & le fit choir tout de son long par tarre. Jarny ula où l'en voit les gens qui aimont, mais toy, tu ne me dis jamais mot, t'es toujou là comme eune vray souche de bois, & je passerois ving fois devant toy que tu ne te grouillerois pas pour me bailler le moindre coup, ou me dire la moindre chose. Ventrequenne, ça n'est pas bian, après tout, & t'es trop froide pour les gens.

CHARLOTE.
Que veux-tu que j'y fasse? c'est mon himeur, & je ne me pis refondre.

PIERROT.
Ignia himeur qui quienne, quand en a de l'amiquié pour les personnes, l'an en baille toujou queuque petite signifiance.

CHARLOTE.
Enfin, je t'aime tout autant que je pis, & si tu n'es pas content de ça, tu n'as qu'à en aimer queuquautre.

PIERROT.
Eh bien, ula pas mon conte? Testigué, si tu m'aimois, me dirois-tu ça?

CHARLOTE.
Pourquoy me viens-tu aussi tarabuster l'esprit?

PIERROT.
Morqué, queu mal te fais-je? je ne te deman-

de qu'un peu d'amiquié.
CHARLOTE.
Et bian, laisse faire aussi, & ne me presse point tant, peut-estre que ça viendra tout d'un coup sans y songer.
PIERROT.
Touche donc là, Charlote.
CHARLOTE.
Eien, quien.
PIERROT.
Promets-moy donc que tu tâcheras de m'aimer davantage.
CHARLOTE.
J'y feray tout ce que je pourray, mais il faut que ça vienne de luy-mesme. Pierrot, est-ce là ce Monsieur.
PIERROT.
Oüy, le ula.
CHARLOTE.
Ah, mon quieu, qu'il est genty, & que ç'auroit esté dommage qu'il eust esté nayé.
PIERROT.
Je revians tout à l'heure, je m'en vas boire chopaine pour me rebouter tant soit peu de la fatigue que j'ays euë.

SCENE SECONDE.

D. JUAN, SGANARELLE, CHARLOTE.

D. JUAN.

NOus avons manqué nostre coup, Sganarelle, & cette bourasque impreveuë a renversé avec nostre barque le projet que nous avions fait; mais à te dire vray, la Paysane que je viens de quiter repare ce mal-heur, & je luy ay trouvé des charmes qui effacent de mon esprit tout le chagrin que me donnoit le mauvais succez de nostre entreprise. Il ne faut pas que ce cœur m'échape, & j'y ay déja jetté des dispositions à ne pas me souffrir long-temps de pousser des soûpirs.

SGANARELLE.

Monsieur, j'avoüe que vous m'estonnez; à peine sommes-nous échapez d'un peril de mort, qu'au lieu de rendre grace au Ciel de la pitié qu'il a daigné prendre de nous, vous travaillez tout de nouveau à attirer sa colere par vos fantaisies accoûtumées, & vos amours cr.... Paix, coquin que vous estes, vous ne sçavez ce que vous dites, & Monsieur sçait ce qu'il fa t, allons.

D. JUAN appercevant Charlotte.

Ah, ah, d'où sort cette autre Paysane, Sganarelle? as-tu rien veu de plus joly, & ne trouves-tu pas, dy-moy, que celle-cy vaut bien l'autre?

SGANARELLE.

Assurément. Autre piece nouvelle.

D. JUAN.

D'où me vient, la Belle, une rencontre si agreable ? quoy, dans ces lieux champeſtres, parmy ces arbres & ces rochers, on trouve des perſonnes faites comme vous eſtes ?

CHARLOTE.

Vous voyez, Monſieur.

D. JUAN.

Eſtes-vous de ce Village ?

CHARLOTE.

Oüy, Monſieur.

D. JUAN.

Et vous y demeurez ?

CHARLOTE.

Oüy, Monſieur.

D. JUAN.

Vous vous appellez ?

CHARLOTE.

Charlote, pour vous ſervir.

D. JUAN.

Ah ! la belle perſonne, & que ſes yeux ſont penetrans ?

CHARLOTE.

Monſieur, vous me rendez toute honteuſe.

D. JUAN.

Ah, n'avez point de honte d'entendre dire vos veritez. Sganarelle, qu'en dis-tu ? peut-on rien voir de plus agreable ? Tournez-vous un peu, s'il vous plaiſt, ah que cette taille eſt jolie ! hauſſez un peu la teſte, de grace, ah que ce viſage eſt mignon. Ouvrez vos yeux entierement, ah qu'ils ſont beaux ! Que je voye un peu vos dents, je vous prie, ah qu'elles ſont amoureuſes ! & ces levres appetiſſantes. Pour moy, je ſuis ravy, &

COMEDIE.

e n'ay jamais veu une si charmante personne.
CHARLOTE.
Monsieur, cela vous plaist à dire, & je ne sçay pas si c'est pour vous railler de moy.
D. JUAN.
Moy, me railler de vous? Dieu m'en garde, je vous aime trop pour cela, & c'est du fond du cœur que je vous parle.
CHARLOTE.
Je vous suis bien obligée, si ça est.
D. JUAN.
Point du tout, vous ne m'estes point obligée, de tout ce que je dis, & ce n'est qu'à vostre beauté que vous en estes redevable.
CHARLOTE.
Monsieur, tout ça est trop bien dit pour moy, & je n'ay pas d'esprit pour vous répondre.
D. JUAN.
Sganarelle, regarde un peu ses mains.
CHARLOTE.
Fy, Monsieur, elles sont noires comme je ne sçay quoy.
D. JUAN.
Ha que dites-vous là, elles sont les plus belles du monde, souffrez que je les baise, je vous prie.
CHARLOTE.
Monsieur, c'est trop d'honneur que vous me faites, & si j'avois sçeu ça tantost, je n'aurois pas manqué de les laver avec du son.
D. JUAN.
Et dites-moy un peu, Belle Charlote, vous n'estes pas mariée sans doute?
CHARLOTE.
Non, Monsieur, mais je dois bien-tost l'estre avec Piarrot, le fils de la voisine Simonete.

D. JUAN.

Quoy, une personne comme vous seroit la femme d'un simple Paysan? non, non c'est profaner tant de beautez, & vous n'estes pas née pour demeurer dans un Village, vous meritez sans doute une meilleure fortune, & le Ciel qui le connoist bien, m'a conduit icy tout exprés pour empescher ce mariage, & rendre justice à vos charmes : car enfin, Belle Charlote, je vous aime de tout mon cœur, & il ne tiendra qu'à vous que je vous arrache de ce miserable lieu, & ne vous mette dans l'estat où vous meritez d'estre, cét amour est bien prompt sans doute ; mais quoy, c'est un effet, Charlote, de vostre grande beauté, & l'on vous aime autant en un quart d'heure, qu'on feroit une autre en six mois.

CHARLOTE.

Aussi vray, Monsieur, je ne sçay comment faire quand vous parlez, ce que vous dites me fait aise, & j'aurois toutes les envies du monde de vous croire, mais on m'a toujou dit, qu'il ne faut jamais croire les Monsieux, & que vous autres Courtisans estes des enjoleus, qui ne songez qu'à abuser les filles.

D. JUAN.

Je ne suis pas de ces gens-là.

SGANARELLE.

Il n'a garde.

CHARLOTE.

Voyez-vous, Monsieur, il n'y a pas plaisir à se laisser abuser, je suis une pauvre Paysane, mais j'ay l'honneur en recommandation, & j'aimerois mieux me voir morte que de me voir deshonorée.

D. JUAN.

Moy, j'aurois l'ame assez méchante pour abuser une personne comme vous, je serois assez lâche pour vous deshonorer? non, non, j'ay trop de conscience pour cela, je vous aime, Charlote, en tout bien & en tout honneur, & pour vous montrer que je vous dis vray, sçachez que je n'ay point d'autre dessein que de vous épouser, en voulez-vous un plus grand témoignage, m'y voila prest quand vous voudrez, & je prends à témoin l'homme que voila de la parole que je vous donne.

SGANARELLE.
Non, non, ne craignez point, il se mariera avec vous tant que vous voudrez.

D. JUAN.
Ah, Charlote, je vois bien que vous ne me connoissez pas encore, vous me faites grand tort de juger de moy par les autres, & s'il y a des fourbes dans le monde, des gens qui ne cherchent qu'à abuser des Filles, vous devez me tirer du nombre, & ne pas mettre en doute la sincerité de ma foy, & puis vostre beauté vous assure de tout. Quand on est faite comme vous, on doit estre à couvert de toutes ces sortes de crainte, vous n'avez point l'air, croyez-moy, d'une personne qu'on abuse, & pour moy, je l'avoüe, je me percerois le cœur de mille coups, si j'avois eu la moindre pensée de vous trahir.

CHARLOTE.
Mon Dieu, je ne sçay si vous dites vray ou non, mais vous faites que l'on vous croit.

D. JUAN.
Lors que vous me croirez, vous me rendrez justice assurément, & je vous reitere encore la promesse que je vous ay faite, ne l'acceptez-vous pas? & ne voulez-vous pas consentir à estre ma femme?

CHARLOTE.

Oüy, pourveu que ma Tante le veüille.

D. JUAN.

Touchez donc là, Charlote, puis que vous le voulez bien de vostre part.

CHARLOTE.

Mais au moins, Monsieur, ne m'allez pas tromper, je vous prie, il y auroit de la conscience à vous, & vous voyez comme j'y vais à la bonne foy.

D. JUAN.

Comment, il semble que vous doutiez encore de ma sincerité ? Voulez-vous que je fasse des sermens épouvantables ? Que le Ciel....

CHARLOTE.

Mon Dieu, ne jurez point, je vous croy.

D. JUAN.

Donnez-moy donc un petit baiser pour gage de vostre parole.

CHARLOTE.

Oh, Monsieur, attendez que je soyons mariez, je vous prie, aprés ça je vous baiseray tant que vous voudrez.

D. JUAN.

Et bien, Belle Charlote, je veux tout ce que vous voulez, abandonnez-moy seulement vostre main, & souffrez que par mille baisers je luy exprime le ravissement où je suis....

COMÉDIE.

SCENE III.
D. JUAN, SGANARELLE, PIERROT, CHARLOTTE.

PIERROT *se mettant entre deux & poussant D. Juan.*

Tout doucement, Monsieur tenez-vous, s'il vous plaist, vous vous échauffez trop, & vous pourriez gagner la puresie.

D. JUAN *repoussant rudement Pierrot.*
Qui m'amene cét impertinent ?

PIERROT.
Je vous dis qu'ou vous tegniez, & qu'ou ne carressiais point nos accordées.

D. JUAN *continuë de le repousser.*
Ah, que de bruit.

PIERROT.
Jerniquenne, ce n'est pas comme ça qu'il faut pousser les gens.

CHARLOTE *prenant Pierrot par le bras.*
Et laisse-le faire aussi, Piarrot.

PIERROT.
Quemment, que je le laisse faire. Je ne veux pas moy ?

D. JUAN.
Ah.

PIERROT.
Testiguenne, par ce qu'ous estes Monsieur, ou

viendrez careſſer nos femme à noſte barbe, allez-u-s-en careſſer les voſtres.

D. JUAN.

Heu?

PIERROT.

Heu. *D. Juan luy donne un ſoufflet.* Teſtigué ne me frapez pas, *autre ſoufflet.* Oh, jernigué, *autre ſoufflet.* Ventrequé, *autre ſoufflet.* Palſanqué, morquenne, ça n'eſt pas bian de batre les gens, & ce n'eſt pas là la recompenſe de u-s-avoir ſauvé d'eſtre nayé.

CHARLOTE.

Piarrot ne te faſche point.

PIERROT.

Je me veux faſcher, & t'es une vilainte toy d'endurer qu'on te caiçole.

CHARLOTE.

Oh, Piarrot, ce n'eſt pas ce que tu penſes, ce Monſieur veut m'épouſer, & tu ne dois pas te bouter en colere.

PIERROT.

Quement? jerny, tu m'es promiſe.

CHARLOTE.

Ca ny fait rien, Piarrot, ſi tu m'aimes, ne dois-tu pas eſtre bien-aiſe que je devienne Madame.

PIERROT.

Jerniqué, non, j'aime mieux te voir crevée que de te voir à un autre.

CHARLOTE.

Va va, Piarrot, ne te mets point en peine; ſi je ſis Madame, je te feray gagner quenque choſes, & tu apporteras du beure & du fromage cheux nous.

PIERROT.

Ventrequenne, je gny en porteray jamais quand tu m'en poyrais deux fois autant. Eſt-ce

COMEDIE.

donc comme ça que t'escoutes ce qu'il te dit? morquenne, si j'avois sçeu ça tantost, je me serois bian gardé de le tirer de gliau, & je gly aurois baillé un bon coup d'aviron sur la teste.

D. JUAN *s'aprochant de Pierrot pour le fraper.*

Qu'est-ce que vous dites?

PIERROT *s'éloignant derriere Charlote.*

Jerniquenne, je ne crains parsonne.

D. JUAN *passe du costé où est Pierrot.*

Attendez-moy un peu.

PIERROT *repasse de l'autre costé de Charlote.*

Je me moque de tout, moy.

D. JUAN *court aprés Pierrot.*

Voyons cela.

PIERROT *se sauve encore derriere Charlote.*

J'en avons bien veu d'autres.

D. JUAN.

Houais.

SGANARELLE.

Eh, Monsieur, laissez-là ce pauvre miserable. C'est conscience de le batre. Ecoute, mon pauvre Garçon, retire-toy, & ne luy dis rien.

PIERROT *passe devant Sganarelle, & dit fierement à D. Juan.*

Je veux luy dire, moy.

D. JUAN *leve la main pour donner un soufflet à Pierrot, qui baisse la teste, & Sganarelle reçoit le soufflet.*

Ah, je vous apprendray.

SGANARELLE *regardant Pierrot qui s'est baissé pour éviter le soufflet.*

Peste soit du maroufle.

O ij

D. JUAN.
Te voila payé de ta charité.

PIERROT.
Jarny, je vas dire à sa Tante tout ce ménage-cy.

D. JUAN.
Enfin, je m'en vais estre le plus heureux de tous les hommes, & je ne changerois pas mon bonheur à toutes les choses du monde. Que de plaisirs quand vous serez ma femme, & que....

SCENE IV.

D. JUAN, SGANARELLE, CHARLOTE, MATHURINE.

SGANARELLE *appercevant Mathurine.*

AH, ah.

MATHURINE *à Dom Juan.*
Monsieur, que faites vous donc là avec Charlote, est-ce que vous luy parlez d'amour aussi?

D. JUAN *à Mathurine.*
Non, au contraire, c'est elle qui me témoignoit une envie d'estre ma femme, & je luy répondois que j'estois engagé à vous.

CHARLOTE.
Qu'est-que c'est donc que vous veut Mathurine?

D. JUAN *bas à Charlote.*
Elle est jalouse de me voir vous parler, &

COMEDIE.

voudroit bien que je l'épousasse, mais je luy dis que c'est vous que je veux.

MATHURINE.
Quoy, Charlote....

D. JUAN *bas à Mathurine.*
Tout ce que vous luy direz sera inutile, elle s'est mis cela dans la teste.

CHARLOTE.
Quemeent donc Mathurine....

D. JUAN *bas à Charlote.*
C'est en vain que vous luy parlerez, vous ne luy osterez point cette fantaisie.

MATHURINE.
Est-ce que....

D. JUAN *bas à Mathurine.*
Il n'y a pas moyen de luy faire entendre raison.

CHARLOTE.
Je voudrois....

D. JUAN *bas à Charlotte.*
Elle est obstinée comme tous les Diables.

MATHURINE.
Vramant....

D. JUAN *bas à Mathurine.*
Ne luy dites rien, c'est une folle.

CHARLOTE.
Je pense....

D. JUAN *bas à Charlote.*
Laissez-là la, c'est une extravagante.

MATHURINE.
Non, non, il faut que je luy parle.

CHARLOTE.
Je veux voir un peu ses raisons.

MATHURINE.
Quoy....

D. JUAN *bas à Mathurine.*

Je gage qu'elle va vous dire que je luy ay promis de l'épouser.

CHARLOTE.

Je....

D. JUAN *bas à Charlote.*

Gageons qu'elle vous souſtiendra que je luy ay donné parole de la prendre pour femme.

MATHURINE.

Hola, Charlote, ça n'eſt pas bien de courir ſur le marché des autres.

CHARLOTE.

Ca n'eſt pas honneſte, Mathurine, d'eſtre jalouſe que Monſieur me parle.

MATHURINE.

C'eſt moy que Monſieur a veu la premiere.

CHARLOTE.

S'il vous a veu la premiere, il m'a veu la seconde, & m'a promis de m'épouſer.

D. JUAN *bas à Mathurine.*

Et bien, que vous ay-je dit ?

MATHURINE.

Je vous baiſe les mains, c'eſt moy, & non pas vous qu'il a promis d'épouſer.

D. JUAN *bas à Charlote.*

N'ay-je pas deviné ?

CHARLOTE.

A d'autres, je vous prie, c'eſt moy, vous dis-je.

MATHURINE.

Vous vous moquez des gens, c'eſt moy, encore un coup.

CHARLOTE.

Le ula qui eſt pour le dire, ſi je n'ay pas raiſon.

MATHURINE.
Le ula qui est pour me démentir, si je ne dis pas vray.
CHARLOTE.
Est-ce, Monsieu, que vous luy avez promis de l'épouser ?
D. JUAN *bas à Charlote.*
Vous vous raillez de moy.
MATHURINE.
Est-il vray, Monsieur, que vous luy avez donné parole d'estre son mary ?
D. JUAN *bas à Mathurine.*
Pouvez-vous avoir cette pensée ?
CHARLOTE.
Vous voyez qu'al le soûtient.
D. JUAN *bas à Charlote.*
Laissez-la faire.
MATHURINE.
Vous estes témoin comme al l'assure.
D. JUAN *bas à Mathurine.*
Laissez-la dire.
CHARLOTE.
Non, non, il faut sçavoir la verité.
MATHURINE.
Il est question de juger ça.
CHARLOTE.
Oüy, Mathurine, je veux que Monsieur vous montre vostre bec jaune.
MATHURINE.
Oüy, Charlote, je veux que Monsieur vous rende un peu camuse.
CHARLOTE.
Monsieur, vuidez la querelle, s'il vous plaît.
MATHURINE.
Mettez-nous d'accord, Monsieur.

CHARLOTE à *Mathurine.*
Vous allez voir.

MATHURINE à *Charlote.*
Vous allez voir vous mesme.

CHARLOTE à *D. Juan.*
Dites.

MATHURINE à *D. Juan.*
Parlez.

D. JUAN *embarassé leur dit à toutes deux.*

Que voulez-vous que je dise ? vous soûtenez également toutes deux que je vous ay promis de vous prendre pour femmes. Est-ce que chacune de vous ne sçait pas ce qui en est, sans qu'il soit necessaire que je m'explique davantage ? pourquoy m'obliger là-dessus à des redites ? celle à qui j'ay promis effectivement n'a-t-elle pas en elle-mesme dequoy se moquer des discours de l'autre, & doit-elle se mettre en peine pourveu que j'accomplisse ma promesse ? Tous les discours n'avancent point les choses, il faut faire, & non pas dire, & les effets decident mieux que les paroles. Aussi n'est-ce rien que par là que je vous veux mettre d'accord, & l'on verra quand je me marieray, laquelle des deux a mon cœur, *bas à Mathurine,* laissez-luy croire ce qu'elle voudra, *bas à Charlote,* laissez-là se flater dans son imagination, *bas à Mathurine,* je vous adore, *bas à Charlote,* je suis tout à vous, *bas à Mathurine,* tous les visages sont laids auprés du vostre, *bas à Charlote,* on ne peut plus souffrir les autres quand on vous a veuë. J'ay un petit ordre à donner, je viens vous retrouver dans un quart d'heure.

CHARLOTE à *Mathurine.*
Je suis celle qu'il aime, au moins.

MATHURINE

COMEDIE.

MATHURINE.

C'est moy qu'il épousera.

SGANARELLE.

Ah, pauvres filles que vous estes, j'ay pitié de vostre innocence, & je ne puis souffrir de vous voir courir à vostre malheur. Croyez-moy l'une & l'autre, ne vous amusez point à tous les contes qu'on vous fait, & demeurez dans vostre village.

D. JUAN *revenant*.

Je voudrois bien sçavoir pourquoy Sganarelle ne me suit pas.

SGANARELLE *à ces filles*.

Mon Maistre est un fourbe, il n'a dessein que de vous abuser, & en a bien abusé d'autres, c'est l'Epouseur du genre humain, &.....(*il apperçoit D. Juan,*) cela est faux, & quiconque vous dira cela, vous luy devez dire qu'il en a menty. Mon Maistre n'est point l'Epouseur du genre humain, il n'est point fourbe, il n'a pas dessein de vous tromper, & n'en a point abusé d'autres. Ah, tenez, le voilà, demandez-le plûtost à luy-mesme.

D. JUAN.

Oüy.

SGANARELLE.

Monsieur, comme le monde est plein de médisans, je vais au devant des choses, & je leur disois que si quelqu'un leur venoit dire du mal de vous, elles se gardassent bien de le croire, &

Tome VII. P

170 D. JUAN, OU LE FEST. DE PIERRE,
ne manquassent pas de luy dire qu'il en auroit
menty.

D. JUAN.

Sganarelle.

SGANARELLE.

Oüy, Monsieur est homme d'honneur, je le garantis tel.

D. JUAN.

Hon.

SGANARELLE.

Ce sont des impertinens.

SCENE CINQUIESME.

D. JUAN, LA RAME'E, CHARLOTE, MATHURINE, SGANARELLE.

LA RAME'E.

Monsieur, je viens vous avertir qu'il ne fait pas bon icy pour vous.
D. JUAN.
Comment ?
LA RAME'E.
Douze hommes à cheval vous chercent, qui doivent arriver icy dans un moment, je ne sçay pas par quel moyen ils peuvent vous avoir suivy, mais j'ay appris cette nouvelle d'un Païsan qu'ils ont interrogé, & auquel ils vous ont dépeint. L'affaire presse, & le plûtost que vous pourrez sortir d'icy, sera le meilleur.

D. JUAN *à Charlote & Mathurine.*

Une affaire pressante m'oblige de partir d'icy, mais je vous prie de vous ressouvenir de la parole que je vous ay donnée, & de croire que vous aurez de mes nouvelles avant qu'il soit demain au soir. Comme la partie n'est pas égale, il faut user de stratageme, & éluder adroitement le malheur qui me cherche, je veux que Sganarelle

172 D. JUAN, OU LE FEST. DE PIERRE,
se reveste de mes habits, & moy....

SGANARELLE.

Monsieur, vous vous moquez, m'exposer à
estre tué sous vos habits, &....

D. JUAN.

Allons viste, c'est trop d'honneur que je vous
fais, & bien heureux est le Valet qui peut avoir
la gloire de mourir pour son Maistre.

SGANARELLE.

Je vous remercie d'un tel honneur. O Ciel, puis
qu'il s'agit de mort, fais-moy la grace de n'estre
point pris pour un autre.

Fin du second Acte.

ACTE III.
SCENE PREMIERE.

D. JUAN *en habit de campagne.* SGANA-RELLE *en Medecin.*

SGANARELLE.

A foy, Monsieur, avoüez que j'ay eu raison, & que nous voila l'un & l'autre déguisez à merveille, Vostre premier dessein n'estoit point du tout à propos, & cecy nous cache bien mieux que tout ce que vous vouliez faire.

D. JUAN.
Il est vray que te voila bien, & je ne sçay où tu as esté déterrer cét attirail ridicule.

SGANARELLE.
Oüy ? c'est l'habit d'un vieux Medecin qui a esté laissé en gage au lieu où je l'ay pris, & il m'en a coûté de l'argent pour l'avoir. Mais sçavez-vous, Monsieur, que cét habit me met déja en consideration ? que je suis salué des gens que je rencontre, & que l'on me vient consulter ainsi qu'un habile homme ?

D. JUAN.
Comment donc ?

SGANARELLE.

Cinq ou six Païsans & Païsanes en me voyant passer me sont venus demander mon avis sur differentes maladies.

D. JUAN.

Tu leur as répondu que tu n'y entendois rien?

SGANARELLE.

Moy, point du tout, j'ay voulu soûtenir l'honneur de mon habit, j'ay raisonné sur le mal, & leur ay fait des ordonnances à chacun.

D. JUAN.

Et quels remedes encore leur as-tu ordonnez?

SGANARELLE.

Ma foy, Monsieur, j'en ay pris par où j'en ay pû attraper, j'ay fait mes ordonnances à l'avanture, & ce seroit une chose plaisante si les malades guérissoient, & qu'on m'en vinst remercier.

D. JUAN.

Et pourquoy non ? par quelle raison n'aurois-tu pas les mesmes privileges qu'ont tous les autres Medecins ? ils n'ont pas plus de part que toy aux guérisons des malades, & tout leur art est pure grimace. Ils ne font rien que recevoir la gloire des heureux succez, & tu peux profiter comme eux du bon-heur du malade, & voir attribuer à tes remedes tout ce qui peut venir des faveurs du hazard, & des forces de la nature.

SGANARELLE.

Comment, Monsieur, vous estes aussi impie en Medecine ?

D. JUAN.

C'est une des grandes erreurs qui soit parmy les hommes.

SGANARELLE.

Quoy, vous ne croyez pas au sené, ny à la casse, ny au vin hemetique ?

COMEDIE.

D. JUAN.
Et pourquoy veux tu que j'y croye ?

SGANARELLE.
Vous avez l'ame bien mécreante. Cependant vous voyez depuis un temps que le vin hemetique fait bruire ses fuseaux. Ses miracles ont converty les plus incredules esprits, & il n'y a pas trois semaines que j'en ay veu, moy qui vous parle, un effet merveilleux.

D. JUAN.
Et quel ?

SGANARELLE.
Il y avoit un homme qui depuis six jours estoit à l'agonie, on ne sçavoit plus que luy ordonner, & tous les remedes ne faisoient rien, on s'avisa à la fin de luy donner de l'hemetique.

D. JUAN.
Il réchapa, n'est-ce pas ?

SGANARELLE.
Non, il mourut.

D. JUAN.
L'effet est admirable.

SGANARELLE.
Comment ? il y avoit six jours entiers qu'il ne pouvoit mourir, & cela le fit mourir tout d'un coup. Voulez-vous rien de plus efficace ?

D. JUAN.
Tu as raison.

SGANARELLE.
Mais laissons-là la Medecine où vous ne croyez point, & parlons des autres choses : car cét habit me donne de l'esprit, & je me sens en humeur de disputer contre vous. Vous sçavez bien que vous me permettez les disputes, & que vous ne me défendez que les remontrances.

B iiij

D. JUAN.

Hé bien ?

SGANARELLE.

Je veux sçavoir vos pensées à fonds, & vous connoistre un peu mieux que je ne fais : çà quand voulez-vous mettre fin à vos débauches, & mener la vie d'un honneste homme?

D. JUAN *leve la main pour luy donner un soufflet.*

Ah, maistre sot ! vous allez d'abord aux remontrances.

SGANARELLE *en se reculant.*

Morbleu, je suis bien sot en effet de vouloir m'amuser à raisonner avec vous ; faites tout ce que vous voudrez, il m'importe bien que vous vous perdiez ou non, & que....

D. JUAN *en colere.*

Tay toy. Songeons à nostre affaire. Ne serions-nous point égarez ? appelle cét homme que voi-la là bas pour luy demander le chemin.

SGANARELLE.

Hola, ho, l'homme ; ho, mon compere, ho l'amy, un petit mot, s'il vous plaist.

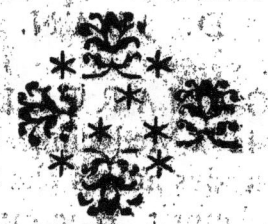

SCENE SECONDE.

D. JUAN, SGANARELLE, FRANCISQUE.

SGANARELLE.

ENseignez-nous un peu le chemin qui meine à la Ville.

FRANCISQUE.

Vous n'avez qu'à suivre cette route, Messieurs, & détourner à main droite quand vous serez au bout de la forest. Mais je vous donne avis que vous devez vous tenir sur vos gardes, & que depuis quelque temps, il y a des voleurs icy autour.

D. JUAN.

Je te suis bien obligé, mon amy, & je te rends graces de tout mon cœur de ton bon avis.

SGANARELLE *regardant dans la forest.*

Ha, Monsieur, quel bruit, quel cliquetis !

D. JUAN *en se retournant.*

Que voy-je-là, un homme attaqué par trois autres ? la partie est trop inégale, & je ne dois pas souffrir cette lascheté. *Il court au lieu du combat.*

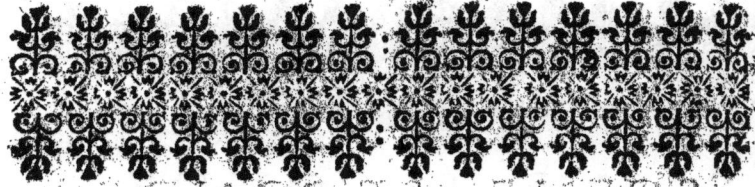

SCENE TROISIESME.

D. JUAN, D. CARLOS, SGANARELLE.

SGANARELLE.

MOn Maître est un vray enragé d'aller se presenter à un peril qui ne le cherche pas, mais, ma foy, le secours a servy, & les deux ont fait fuir les trois.

D. CARLOS *l'épée à la main.*
On voit par la fuite de ces voleurs de quel secours est vostre bras, souffrez, Monsieur, que je vous rende grace d'une action si genereuse, & que...

D. JUAN *revenant l'épée à la main.*
Je n'ay rien fait, Monsieur, que vous n'eussiez fait en ma place. Nostre propre honneur est interessé dans de pareilles avantures, & l'action de ces coquins estoit si lâche, que c'eust esté y prendre part que de ne s'y pas opposer, mais par quelle rencontre vous estes-vous trouvé entre leurs mains ?

D. CARLOS.
Je m'estois par hazard egaré d'un frere, & de tous ceux de nostre suite, & comme je cherchois à les rejoindre, j'ay fait rencontre de ces voleurs, qui d'abord ont tué mon cheval, & qui sans vô-

tre valeur en auroient fait autant de moy.

D. JUAN.

Vostre dessein est-il d'aller du costé de la Ville ?

D. CARLOS.

Oüy, mais sans y vouloir entrer, & nous nous voyons obligez mon frere & moy à tenir la campagne pour une de ces fascheuses affaires qui reduisent les Gentilshommes à se sacrifier eux & leur famille à la severité de leur honneur, puis qu'enfin le plus doux succez en est toûjours funeste, & que si l'on ne quite pas la vie, on est contraint de quiter le Royaume ; & c'est en quoy je trouve la condition d'un Gentilhomme malheureuse, de ne pouvoir point s'assurer sur toute la prudence & toute l'honnesteté de sa conduite, d'estre asservy par les Loix de l'honneur au dereglement de la conduite d'autruy, & de voir sa vie, son repos, & ses biens dépendre de la fantaisie du premier temeraire, qui s'avisera de luy faire une de ces injures pour qui un honneste homme doit perir.

D. JUAN.

On a cét avantage qu'on fait courir le mesme risque, & passer aussi mal le temps à ceux qui prennent fantaisie de nous venir faire une offense de gayeté de cœur. Mais ne seroit-ce point une indiscretion que de vous demander quelle peut estre vostre affaire ?

D. CARLOS.

La chose en est aux termes de n'en plus faire

de secret, & lors que l'injure a une fois éclaté, nostre honneur ne va point à vouloir cacher nostre honte, mais à faire éclater nostre vengeance, & à publier mesme le dessein que nous en avons. Ainsi, Monsieur, je ne feindray point de vous dire que l'offense que nous cherchons à vanger, est une sœur seduite & enlevée d'un Convent, & que l'Auteur de cette offence est un D. Juan Tenorio, fils de D. Loüis Tenorio. Nous le cherchons depuis quelques jours, & nous l'avons suivy ce matin sur le rapport d'un Valet, qui nous a dit qu'il sortoit à cheval accompagné de quatre ou cinq, & qu'il avoit pris le long de cette coste, mais tous nos soins ont esté inutiles, & nous n'avons pû découvrir ce qu'il est devenu.

D. JUAN.

Le connoissez-vous, Monsieur, ce D. Juan dont vous parlez ?

D. CARLOS.

Non, quant à moy, je ne l'ay jamais veu, & je l'ay seulement oüy dépeindre à mon frere, mais la Renommée n'en dit pas force bien, & c'est un homme dont la vie....

D. JUAN.

Arrestez, Monsieur, s'il vous plaist, il est un peu de mes amis, & ce seroit à moy une espece de lascheté que d'en oüir dire du mal.

D. CARLOS.

Pour l'amour de vous, Monsieur, je n'en diray rien du tout, & c'est bien la moindre chose que je vous doive, aprés m'avoir sauvé la vie, que de me taire devant vous d'une personne que vous connoissez, lors que je ne puis en parler sans en dire du mal : mais quelque amy que vous luy soyez, j'ose esperer que vous n'approuverez pas son action, & ne trouverez pas estrange que nous cherchions d'en prendre la vengeance.

D. JUAN.

Au contraire, je vous y veux servir, & vous épargner des soins inutiles; je suis amy de D. Juan, je ne puis pas m'en empescher, mais il n'est pas raisonnable qu'il offence impunément des Gentilshommes, & je m'engage à vous faire faire raison par luy.

D. CARLOS.

Et quelle raison peut-on faire à ces sortes d'injures?

D. JUAN.

Toute celle que vostre honneur peut souhaiter; & sans vous donner la peine de chercher D. Juan davantage, je m'oblige à le faire trouver au lieu que vous voudrez, & quand il vous plaira.

D. CARLOS.

Cét espoir est bien doux, Monsieur, à des cœurs offencez; mais aprés ce que je vous dois, ce me seroit une trop sensible douleur, que vous fussiez de la partie.

D. JUAN.

Je suis si attaché à D. Juan, qu'il ne sçauroit se battre que je ne me batte aussi : mais enfin j'en réponds comme de moy-mesme, & vous n'avez qu'à dire quand vous voulez qu'il paroisse, & vous donne satisfaction.

D. CARLOS.

Que ma destinée est cruelle ! faut-il que je vous doive la vie, & que D. Juan soit de vos amis !

SCENE IV.

D. ALONSE, & trois suivans. D. CARLOS, D. JUAN, SGANARELLE.

D. ALONSE.

Faites boire là mes chevaux, & qu'on les amene aprés nous, je veux un peu marcher à pied. O Ciel, que vois-je icy? Quoy, mon frere, vous voila avec nostre Ennemy mortel?

D. CARLOS.

Nostre Ennemy mortel?

D. JUAN *se reculant trois pas & mettant fierement la main sur la garde de son épée.*

Oüy, je suis D. Juan moy-mesme, & l'avantage du nombre ne m'obligera pas à vouloir déguiser mon nom.

D. ALONSE.

Ah, traître, il faut que tu perisse, & ....

D. CARLOS.

Ah, mon frere, arrestez, je luy suis redevable de la vie, & sans le secours de son bras, j'aurois esté tué par des voleurs que j'ay trouvez.

D. ALONSE.

Et voulez-vous que cette consideration empesche nostre vengeance? tous les services que nous rend une main ennemie, ne sont d'aucun merite pour engager nostre ame; & s'il faut mesurer l'obligation à l'injure, vostre reconnoissance, mon frere, est icy ridicule; & comme l'honneur est infiniment plus precieux que la vie, c'est ne devoir rien proprement, que d'estre redevable de la vie à qui nous a osté l'honneur.

D. CARLOS.

Je sçay la difference, mon frere, qu'un Gentil-homme doit toûjours mettre entre l'un & l'autre, & la reconnoissance de l'obligation n'efface point en moy le ressentiment de l'injure: mais souffrez que je luy rende icy ce qu'il m'a presté, que je m'acquite sur le champ de la vie que je luy dois par un delay de nostre vengeance, & luy laisse la liberté de joüir durant quelques jours du fruit de son bienfait.

D. ALONSE.

Non, non, c'est hazarder nostre vengeance que de la reculer, & l'occasion de la prendre peut ne plus revenir ; le Ciel nous l'offre icy, c'est à nous d'en profiter. Lors que l'honneur est blessé mortellement, on ne doit point songer à garder aucunes mesures, & si vous repugnez à prester vôtre bras à cette action, vous n'avez qu'à vous retirer, & laisser à ma main la gloire d'un tel sacrifice.

D. CARLOS.

De grace, mon frere...

D. ALONSE.

Tous ces discours sont superflus ; il faut qu'il meure.

D. CARLOS.

Arrestez-vous, dis-je, mon frere, je ne souffriray point du tout qu'on attaque ses jours, & je jure le Ciel que je le défendray icy contre qui que ce soit, & je sçauray luy faire un rempart de cette mesme vie qu'il a sauvée, & pour adresser vos coups, il faudra que vous me perciez.

D. ALONSE.

COMEDIE.
D. ALONSE.

Quoy vous prenez le party de noſtre Ennemy contre moy, & loin d'eſtre ſaiſi à ſon aſpect des meſmes tranſports que je ſens, vous faites voir pour luy des ſentimens pleins de douceur?

D. CARLOS.

Mon frere, montrons de la moderation dans une action legitime, & ne vangeons point noſtre honneur avec cét emportement que vous témoignez. Ayons du cœur dont nous ſoyons les maîtres, une valeur qui n'ait rien de farouche, & qui ſe porte aux choſes par une pure deliberation de noſtre raiſon, & non point par le mouvement d'une aveugle colere. Je ne veux point, mon frere, demeurer redevable à mon Ennemy, & je luy ay une obligation dont il faut que je m'aquite avant toute choſe. Noſtre vangeance pour eſtre differée n'en ſera pas moins éclatante; au contraire, elle en tirera de l'avantage, & cette occaſion de l'avoir pû prendre, la fera paroiſtre plus juſte aux yeux de tout le monde.

D. ALONSE.

O l'étrange foibleſſe, & l'aveuglement effroyable, d'hazarder ainſi les intereſts de ſon honneur pour la ridicule penſée d'une obligation chimerique!

D. CARLOS.

Non, mon frere, ne vous mettez pas en peine; ſi je fais une faute, je ſçauray bien la reparer, & je me charge de tout le ſoin de noſtre honneur, je ſçay à quoy il nous oblige, & cette ſuſpenſion d'un jour que ma reconnoiſſance luy demande, ne fera qu'augmenter l'ardeur que j'ay de le ſatisfaire. D. Juan, vous voyez que j'ay ſoin de vous rendre le bien que j'ay receu de vous, & vous devez par là juger du reſte, croire que je

Tome VII. Q

m'acquite avec mesme chaleur de ce que je dois, & que je ne seray pas moins exact à vous payer l'injure que le bien-fait. Je ne veux point vous obliger icy à expliquer vos sentimens, & je vous donne la liberté de penser à loisir aux resolutions que vous avez à prendre. Vous connoissez assez la grandeur de l'offence que vous nous avez faite, & je vous fais juge vous mesme des reparations qu'elle demande. Il est des moyens doux pour nous satisfaire ; il en est de violens & de sanglans ; mais enfin, quelque choix que vous fassiez, vous m'avez donné parole de me faire faire raison par D. Juan, songez à me la faire, je vous prie, & vous ressouvenez que hors d'icy je ne dois plus qu'à mon honneur.

D. JUAN.

Je n'ay rien exigé de vous, & vous tiendray ce que j'ay promis.

D. CARLOS.

Allons, mon frere, un moment de douceur ne fait aucune injure à la severité de nostre devoir.

SCENE V.

D. JUAN, SGANARELLE.

D. JUAN.

Hola, hé, Sganarelle.

SGANARELLE.

Plaist-il ?

COMEDIE.

D. JUAN.

Comment, coquin, tu fuis quand on m'attaque ?

SGANARELLE.

Pardonnez-moy, Monsieur, je viens seulement d'icy prés, je croy que cét habit est purgatif, & que c'est prendre medecine que de le porter.

D. JUAN.

Peste soit l'insolent, couvre au moins ta poltronnerie d'un voile plus honneste, sçais-tu bien qui est celuy à qui j'ay sauvé la vie.

SGANARELLE.

Moy ? non.

D. JUAN.

C'est un frere d'Elvire.

SGANARELLE.

Un....

D. JUAN.

Il est assez honneste homme, il en a bien usé, & j'ay regret d'avoir démêlé avec luy.

SGANARELLE.

Il vous seroit aisé de pacifier toutes choses.

D. JUAN.

Oüy, mais ma passion est usée pour D. Elvire, & l'engagement ne compatit point avec mon humeur. J'aime la liberté en amour, tu le sçais, & je ne sçaurois me resoudre à renfermer mon cœur entre quatre murailles. Je te l'ay dit vingt fois, j'ay une pente naturelle à me laisser aller à tout ce qui m'attire. Mon cœur est à toutes les belles, & c'est à elles à le prendre tour à tour, & à le garder tant qu'elles le pourront. Mais quel est le superbe Edifice que je vois entre ces arbres ?

Q ij

SGANARELLE.

Vous ne le sçavez pas ?

D. JUAN.

Non vraiment.

SGANARELLE.

Bon, c'est le Tombeau que le Commandeur faisoit faire lors que vous le tuastes.

D. JUAN.

Ah, tu as raison, je ne sçavois pas que c'estoit de ce costé-cy qu'il estoit. Tout le monde m'a dit des merveilles de cét ouvrage, aussi bien que de la statuë du Commandeur, & j'ay envie de l'aller voir.

SGANARELLE.

Monsieur, n'allez point là.

D. JUAN.

Pourquoy ?

SGANARELLE.

Cela n'est pas civil d'aller voir un homme que vous avez tué.

D. JUAN.

Au contraire, c'est une visite dont je luy veux faire civilité, & qu'il doit recevoir de bonne grace, s'il est galant homme, allons, entrons dedans. *Le Tombeau s'ouvre, où l'on voit un superbe Mausolée, & la Statuë du Commandeur.*

SGANARELLE.

Ah, que cela est beau ! les belles Statuës ! le beau marbre ! les beaux pilliers ! ah, que cela est beau, qu'en dites-vous, Monsieur ?

D. JUAN.

Qu'on ne peut voir aller plus loin l'ambition d'un homme mort, & ce que je trouve admirable, c'est qu'un homme qui s'est passé durant sa vie d'une assez simple demeure, en veüille avoir une si magnifique pour quand il n'en a plus que faire.

SGANARELLE.
Voicy la Statuë du Commandeur.

D. JUAN.
Parbleu, le voila bon avec son habit d'Empereur Romain.

SGANARELLE.
Ma foy, Monsieur, voila qui est bien fait. Il semble qu'il est en vie, & qu'il s'en va parler. Il jette des regards sur nous qui me feroient peur si j'estois tout seul, & je pense qu'il ne prend pas plaisir de nous voir.

D. JUAN.
Il auroit tort, & ce seroit mal recevoir l'honneur que je luy fais. Demande-luy s'il veut venir souper avec moy.

SGANARELLE.
C'est une chose dont il n'a pas besoin, je croy.

D. JUAN.
Demande-luy, te dis-je.

SGANARELLE.
Vous moquez-vous ? Ce seroit estre fou que d'aller parler à une Statuë.

D. JUAN.
Fais ce que je te dis.

SGANARELLE.
Quelle bizarrerie ! Seigneur Commandeur..... je ry de ma sottise, mais c'est mon Maître qui me la fait faire. Seigneur Commandeur, mon Maître D. Juan vous demande si vous voulez luy faire l'honneur de venir souper avec luy. *La Statuë baisse la teste.* Ha !

D. JUAN.
Qu'est-ce ? qu'as-tu, dy donc, veux-tu parler

SGANARELLE *fait le mesme signe que luy a fait la Statuë, & baisse la teste.*
La Statuë…

D. JUAN.
Et bien, que veux-tu dire, traistre?

SGANARELLE.
Je vous dis que la Statuë….

D. JUAN.
Et bien, la Statuë? je t'assomme si tu ne parles.

SGANARELLE.
La Statuë m'a fait signe.

D. JUAN.
La peste le coquin.

SGANARELLE.
Elle m'a fait signe, vous dis-je, il n'est rien de plus vray. Allez-vous en luy parler vous-mesme pour voir; peut-estre.

D. JUAN.
Viens, Maraut, viens, je te veux bien faire toucher au doigt ta poltronnerie, prends garde. Le Seigneur Commandeur voudroit-il venir souper avec moy. *La Statuë baisse encore la teste.*

SGANARELLE.
Je ne voudrois pas en tenir dix pistolles. Et bien, Monsieur?

D. JUAN.
Allons, sortons d'icy.

SGANARELLE.
Voila de mes esprits forts qui ne veulent rien croire.

Fin du troisième Acte.

ACTE IV.

SCENE PREMIERE.

D. JUAN, SGANARELLE.

D. JUAN.

Uoy qu'il en soit, laissons cela, c'est une bagatelle, & nous pouvons avoir esté trompez par un faux jour, ou surpris de quelque vapeur qui nous ait troublé la veuë.

SGANARELLE.

Eh, Monsieur, ne cherchez point à démentir ce que nous avons veu des yeux que voila. Il n'est rien de plus veritable que ce signe de teste, & je ne doute point que le Ciel scandalizé de vostre vie, n'ait produit ce miracle pour vous convaincre, & pour vous retirer de....

D. JUAN.

Ecoute. Si tu m'importunes davantage de tes sottes moralitez, si tu me dis encore le moindre mot là-dessus, je vais appeller quelqu'un, demander un nerf de bœuf, te faire tenir par trois ou quatre, & te roüer de mille coups. M'entens-tu bien?

SGANARELLE.

Fort bien, Monsieur, le mieux du monde, vous vous expliquez clairement, c'est ce qu'il y a de bon en vous, que vous n'allez point chercher de détours, vous dites les choses avec une netteté admirable.

D. JUAN.

Allons, qu'on me fasse souper le plûtost que l'on pourra, une chaise, petit garçon.

SCENE II.

D. JUAN, LA VIOLETTE, SGANARELLE.

LA VIOLETTE.

Monsieur, voila vostre Marchand, Monsieur Dimanche, qui demande à vous parler.

SGANARELLE.

Bon, voila ce qu'il nous faut qu'un compliment de creancier. De quoy s'avise-t-il de nous venir demander de l'argent, & que ne luy disois-tu que Monsieur n'y est pas?

LA VIOLETTE.

Il y a trois quarts d'heure que je luy dis, mais il ne veut pas le croire, & s'est assis là-dedans pour attendre.

SGANARELLE.

Qu'il attende tant qu'il voudra.

D. JUAN.

Non, au contraire, faites-le entrer, c'est une fort mauvaise politique que de se faire celer aux creanciers.

creanciers. Il est bon de les payer de quelque chose, & j'ay le secret de les renvoyer satisfaits sans leur donner un double.

SCENE III.

D. JUAN, Mr DIMANCHE, SGANARELLE.
Suite.

D. JUAN *faisant de grandes civilitez.*

AH, Monsieur Dimanche, approchez. Que je suis ravy de vous voir, & que je veux de mal à mes gens de ne vous pas faire entrer d'abord ! J'avois donné ordre qu'on ne me fist parler personne, mais cét ordre n'est pas pour vous, & vous estes en droit de ne trouver jamais de porte fermée chez moy.

Mr DIMANCHE.
Monsieur, je vous suis fort obligé.

D. JUAN *parlant à ses Laquais.*
Parbleu, coquins, je vous apprendray à laisser Monsieur Dimanche dans une antichambre, & je vous feray connoistre les gens.

Mr DIMANCHE.
Monsieur cela n'est rien.

D. JUAN.
Comment ? vous dire que je n'y suis pas, à Monsieur Dimanche, au meilleur de mes amis ?

Mr DIMANCHE.
Monsieur, je suis vostre serviteur. J'estois venu....

Tome VII.   R

D. JUAN.

Allons, viste, un siege pour Monsieur Dimanche.

Mr DIMANCHE.

Monsieur, je suis bien comme cela.

D. JUAN.

Point, point, je veux que vous soyez assis contre moy.

Mr DIMANCHE.

Cela n'est point necessaire.

D. JUAN.

Ostez ce pliant, & apportez un fauteüil.

Mr DIMANCHE.

Monsieur, vous vous moquez, &....

D. JUAN.

Non, non, je sçay ce que je vous doy, & je ne veux point qu'on mette de difference entre nous deux.

Mr DIMANCHE.

Monsieur....

D. JUAN.

Allons, asseyez-vous.

Mr DIMANCHE.

Il n'est pas besoin, Monsieur, & je n'ay qu'un mot à vous dire. J'estois....

D. JUAN.

Mettez-vous là, vous dis-je.

Mr DIMANCHE.

Non, Monsieur, je suis bien, je viens pour...

D. JUAN.

Non, je ne vous écoute point si vous n'estes assis.

Mr DIMANCHE.

Monsieur, je fais ce que vous voulez. Je....

D. JUAN.

Parbleu, Monsieur Dimanche, vous vous portez bien.

Mr DIMANCHE.

Oüy, Monsieur, pour vous rendre service. Je suis venu....

D. JUAN.

Vous avez un fonds de santé admirable, des levres fraisches, un teint vermeil, & des yeux vifs.

Mr DIMANCHE.

Je voudrois bien....

D. JUAN.

Comment se porte Madame Dimanche, vostre Epouse?

Mr DIMANCHE.

Fort bien, Monsieur, Dieu mercy.

D. JUAN.

C'est une brave femme.

Mr DIMANCHE.

Elle est vostre servante, Monsieur. Je venois....

D. JUAN.

Et vostre petite fille Claudine, comment se porte-t-elle?

Mr DIMANCHE.

Le mieux du monde.

D. JUAN.

La jolie petite fille que c'est, je l'aime de tout mon cœur.

Mr DIMANCHE.

C'est trop d'honneur que vous luy faites, Monsieur. Je vous....

D. JUAN.

Et le petit Colin fait-il toûjours bien du bruit avec son tambour?

Mr DIMANCHE.

Toûjours de mesme, Monsieur. Je....

R ij

D. JUAN.

Et voſtre petit chien Bruſquet ? gronde t-il toûjours auſſi fort, & mord-il toûjours bien aux jambes les gens qui vont chez vous ?

Mr DIMANCHE.

Plus que jamais, Monſieur, & nous ne ſçaurions en chevir.

D. JUAN.

Ne vous eſtonnez pas ſi je m'informe des nouvelles de toute la famille, car j'y prends beaucoup d'intereſt.

Mr DIMANCHE.

Nous vous ſommes, Monſieur, infiniment obligez. Je....

D. JUAN *luy tendant la main.*

Touchez donc là, Monſieur Dimanche. Eſtes-vous bien de mes amis ?

Mr DIMANCHE.

Monſieur, je ſuis voſtre ſerviteur.

D. JUAN.

Parbleu, je ſuis à vous de tout mon cœur.

Mr DIMANCHE.

Vous m'honorez trop. Je....

D. JUAN.

Il n'y a rien que je ne fiſſe pour vous.

Mr DIMANCHE.

Monſieur, vous avez trop de bonté pour moy.

D. JUAN.

Et cela ſans intereſt, je vous prie de le croire.

Mr DIMANCHE.

Je n'ay point merité cette grace aſſurément, mais, Monſieur....

D. JUAN.

Oh, ça, Monſieur Dimanche, ſans façon,

voulez-vous souper avec moy?
Mr DIMANCHE
Non, Monsieur, il faut que je m'en retourne tout à l'heure. Je

D. JUAN se levant.
Allons, viste un flambeau pour conduire Monsieur Dimanche, & que quatre ou cinq de mes gens prennent des mousquetons pour l'escorter.

Mr DIMANCHE se levant de mesme.
Monsieur, il n'est pas necessaire, & je m'en iray bien tout seul. Mais

Sganarelle oste les sieges promptement.

D. JUAN
Comment? je veux qu'on vous escorte, & je m'interesse trop à vostre personne, je suis vostre serviteur, & de plus vostre debiteur.

Mr DIMANCHE
Ah, Monsieur....

D. JUAN
C'est une chose que je ne cache pas, & je le dis à tout le monde.

Mr DIMANCHE
Si....

D. JUAN
Voulez-vous que je vous reconduise?

Mr DIMANCHE
Ah, Monsieur, vous vous moquez. Monsieur....

D. JUAN
Embrassez-moy donc, s'il vous plaist, je vous prie encore une fois d'estre persuadé que je suis tout à vous, & qu'il n'y a rien au monde que je ne fisse pour vostre service. *Il sort.*

SGANARELLE
Il faut avoüer que vous avez en Monsieur un

homme qui vous aimerait mieux.

Mr DIMANCHE.

Il est vray, il me fait tant de civilitez & tant de complimens que je ne sçaurois jamais luy demander de l'argent.

SGANARELLE.

Je vous assure que toute sa maison périroit pour vous, & je voudrois qu'il vous arrivast quelque chose, que quelqu'un s'avisast de vous donner des coups de baston, vous verriez de quelle maniere...

Mr DIMANCHE.

Je le croy, mais, Sganarelle, je vous prie de luy dire un petit mot de mon argent.

SGANARELLE.

Oh, ne vous mettez pas en peine. Il vous payera le mieux du monde.

Mr DIMANCHE.

Mais vous, Sganarelle, vous me devez quelque chose en vostre particulier.

SGANARELLE.

Fy, ne parlez pas de cela.

Mr DIMANCHE.

Comment? je...

SGANARELLE.

Ne sçais-je pas bien que je vous dois.

Mr DIMANCHE.

Ah, Monsieur, vous vous moquez...

SGANARELLE.

Allons, Monsieur Dimanche, je vais vous éclairer.

Mr DIMANCHE.

Mais mon argent...

SGANARELLE prenant Monsieur Dimanche par le bras.

COMEDIE.
Mr DIMANCHE.
Je veux....
SGANARELLE *le tirant.*
Eh.
Mr DIMANCHE.
J'entends....
SGANARELLE *le poussant.*
Bagatelles.
Mr DIMANCHE.
Mais....
SGANARELLE *le poussant.*
Fy.
Mr DIMANCHE.
Je....
SGANARELLE *le poussant tout à fait hors du Theatre.*
Fy, vous dis-je.

SCENE IV.
D. LOUIS, D. JUAN, LA VIOLETE, SGANARELLE.

LA VIOLETE.

Monsieur, voilà Monsieur vostre pere.
D. JUAN
Ah, me voicy bien, il me falloit cette visite pour me faire enrager.
D. LOUIS
Je vois bien que je vous embarasse, & que vous vous passeriez fort aisement de ma venuë. A dire vray, nous nous incommodons estrangement l'un & l'autre, & si vous estes las de me voir, je suis bien las aussi de vos déportemens. Helas, que nous sçavons peu ce que nous fai-

sons, quand nous ne laissons pas au Ciel le soin des choses qu'il nous faut, quand nous voulons estre plus avisez que luy, & que nous venons à l'importuner par nos souhaits aveugles, & nos demandes inconsiderées ? J'ay souhaité un fils avec des ardeurs nompareilles, je l'ay demandé sans relasche avec des transports incroyables, & ce fils que j'obtiens, en fatiguant le Ciel de vœux, est le chagrin & le supplice de cette vie mesme dont je croyois qu'il devoit estre la joye & la consolation. De quel œil, à vostre avis, pensez-vous que je puisse voir cét amas d'actions indignes dont on a peine aux yeux du monde d'adoucir le mauvais visage, cette suite continuelle de méchantes affaires, qui nous reduisent à toutes heures à lasser les bontez du Souverain, & qui ont épuisé auprés de luy le merite de mes services, & le credit de mes amis ? ah, quelle bassesse est la vostre ! ne rougissez-vous point de meriter si peu vostre naissance ? estes-vous en droit, dites-moy, d'en tirer quelque vanité ? Et qu'avez-vous fait dans le monde pour estre Gentilhomme ? croyez-vous qu'il suffise d'en porter le nom & les armes, & que ce nous soit une gloire d'estre sorty d'un sang noble, lors que nous vivons en infames ? non, non, la naissance n'est rien où la vertu n'est pas. Aussi nous n'avons part à la gloire de nos Ancestres, qu'autant que nous nous efforçons de leur ressembler, & cét éclat de leurs actions qu'ils répandent sur nous, nous impose un engagement de leur faire le mesme honneur, de suivre les pas qu'ils nous tracent, & de ne point degenerer de leurs vertus, si nous voulons estre estimez leurs veritables descendans. Ainsi vous descendez en vain des Ayeux dont vous estes né, ils vous desa-

COMEDIE.

voüent pour leur sang, & tout ce qu'ils ont fait d'illustre ne vous donne aucun avantage, au contraire, l'éclat n'en rejaillit sur vous qu'à vostre deshonneur, & leur gloire est un flambeau qui éclaire aux yeux d'un chacun la honte de vos actions. Apprenez enfin qu'un Gentilhomme qui vit mal, est un monstre dans la nature, que la vertu est le premier titre de Noblesse, que je regarde bien moins au nom qu'on signe, qu'aux actions qu'on fait, & que je serois plus d'estat du fils d'un Crocheteur, qui seroit honneste homme, que du fils d'un Monarque qui vivroit comme vous.

D. JUAN.
Monsieur, si vous estiez assis, vous en seriez mieux pour parler.

D. LOUIS.
Non, insolent, je ne veux point m'asseoir, ny parler davantage, & je vois bien que toutes mes paroles ne font rien sur ton ame; mais sçache, fils indigne, que la tendresse paternelle est poussée à bout par tes actions, que je sçauray, plustost que tu ne penses, mettre une borne à tes déreglemens, prevenir sur toy le courroux du Ciel, & laver par ta punition la honte de t'avoir fait naistre. *Il sort.*

SCENE V.

D. JUAN, SGANARELLE.

D. JUAN.

EH, mourez le plûtost que vous pourrez, c'est le mieux que vous puissiez faire. Il faut que chacun ait son tour, & j'enrage de voir des peres qui vivent autant que leurs fils. *Il se met dans son fauteüil.*

SGANARELLE.
Ah, Monsieur, vous avez tort.

D. JUAN.
J'ay tort ?

SGANARELLE.
Monsieur.

D. JUAN *se leve de son siege.*
J'ay tort ?

SGANARELLE.
Oüy, Monsieur, vous avez tort d'avoir souffert ce qu'il vous a dit, & vous le deviez mettre dehors par les épaules. A-t-on jamais rien veu de plus impertinent ? un pere venir faire des remontrances à son fils, & luy dire de corriger ses actions, de se ressouvenir de sa naissance, de mener une vie d'honneste homme, & cent autres sottises de pareille nature. Cela se peut-il souffrir à un homme comme vous, qui sçavez comme il faut vivre ? J'admire vostre patience, & si j'avois esté en vostre place, je l'aurois envoyé

promener. O complaisance maudite, à quoy me
reduis-tu ?

D. JUAN.

Me fera-t-on souper bien-tost ?

SCENE VI.

D. JUAN, D. ELVIRE, RAGOTIN, SGANARELLE.

RAGOTIN.

Monsieur, voicy une Dame voilée qui vient vous parler.

D. JUAN.

Que pourroit-ce estre ?

SGANARELLE.

Il faut voir.

D. ELVIRE.

Ne soyez point surpris, D. Juan, de me voir à cette heure & dans cét équipage. C'est un motif pressant qui m'oblige à cette visite, & ce que j'ay à vous dire ne veut point du tout de retardement. Je ne viens point icy pleine de ce couroux que j'ay tantost fait éclater, & vous me voyez bien changée de ce que j'estois ce matin. Ce n'est plus cette D. Elvire qui faisoit des vœux contre vous, & dont l'ame irritée ne jettoit que menaces, & ne respiroit que vangeance. Le Ciel a banny de mon ame toutes ces indignes ardeurs que je sentois pour vous, tous ces transports tumultueux d'un attachement criminel, tous ces honteux emportemens d'un amour terrestre & grossier, & il n'a laissé dans mon cœur pour vous qu'une flame épurée de tout le commerce des sens, une tendresse toute sainte, un amour détaché de tout, qui n'agit point pour soy, & ne se met en peine que de vostre interest.

D. JUAN à Sganarelle.

Tu pleures, je pense.

SGANARELLE.

Pardonnez-moy.

D. ELVIRE.

C'est ce parfait & pur amour qui me conduit icy pour vostre bien, pour vous faire part d'un avis du Ciel, & tâcher de vous retirer du precipice où vous courez. Oüy, D. Juan, je sçay tous les déreglemens de vostre vie, & ce mesme Ciel qui m'a touché le cœur, & fait jetter les yeux sur les égaremens de ma conduite, m'a inspiré de vous venir trouver, & de vous dire de sa part que vos offences ont épuisé sa misericorde, que sa colere redoutable est preste de tomber sur vous, qu'il est en vous de l'éviter par un prompt repentir, & que peut-estre vous n'avez pas encore un jour à vous pouvoir soustraire au plus grand de tous les malheurs. Pour moy, je ne tiens plus à vous par aucun attachement du monde. Je suis revenuë, graces au Ciel, de toutes mes foles pensées, ma retraite est resoluë, & je ne demande qu'assez de vie pour pouvoir expier la faute que j'ay faite, & meriter par une austere penitence le pardon de l'aveuglement où m'ont plongée les transports d'une passion condamnable ; mais dans cette retraite, j'aurois une douleur extrême qu'une personne que j'ay cherie tendrement, devint un exemple funeste de la Justice du Ciel, & ce me sera une joye incroyable, si je puis vous porter à détourner de dessus vostre teste, l'épouvantable coup qui vous menace. De grace, D. Juan, accordez-moy pour derniere faveur cette douce consolation, ne me refusez point vostre salut, que je vous demande avec larmes, & si vous n'estes point touché de vostre interest, soyez-le au moins de mes prieres, & m'épargnez le cruel déplaisir de vous voir condamner à des supplices éternels.

SGANARELLE.

Pauvre femme!

D. ELVIRE.

Je vous ay aimé avec une tendresse extréme, rien au monde ne m'a esté si cher que vous, j'ay oublié mon devoir pour vous, j'ay fait toutes choses pour vous; & toute la recompense que je vous en demande, c'est de corriger vostre vie, & de prevenir vostre perte. Sauvez-vous, je vous prie, ou pour l'amour de vous, ou pour l'amour de moy. Encore une fois, D. Juan, je vous le demande avec larmes, & si ce n'est assez des larmes d'une personne que vous avez aimée, je vous en conjure par tout ce qui est le plus capable de vous toucher.

SGANARELLE.

Cœur de tigre!

D. ELVIRE.

Je m'en vais aprés ce discours, & voila tout ce que j'avois à vous dire.

D. JUAN.

Madame, il est tard, demeurez icy, on vous y logera le mieux qu'on pourra.

D. ELVIRE.

Non, D. Juan, ne me retenez pas davantage.

D. JUAN.

Madame, vous me ferez plaisir de demeurer, je vous assure.

D. ELVIRE.

Non, vous dis-je, ne perdons point de temps en discours superflus, laissez-moy viste aller, ne faites aucune instance pour me conduire, & songez seulement à profiter de mon avis.

SCENE VII.

D. JUAN, SGANARELLE. Suite.

D. JUAN.

Sçais-tu bien que j'ay encore senty quelque peu d'émotion pour elle, que j'ay trouvé de l'agrément dans cette nouveauté bizarre, & que son habit negligé, son air languissant, & ses larmes ont réveillé en moy quelques petits restes d'un feu éteint.

SGANARELLE.

C'est à dire que ses paroles n'ont fait aucun effet sur vous.

D. JUAN.

Viste à souper.

SGANARELLE.

Fort bien.

D. JUAN *se mettant à table.*

Sganarelle, il faut songer à s'amender pourtant.

SGANARELLE.

Oüy dea.

COMEDIE.

D. JUAN.

Oüy, ma foy, il faut s'amender, encore vingt ou trente ans de cette vie cy, & puis nous songerons à nous.

SGANARELLE.

Oh.

D. JUAN.

Qu'en dis-tu?

SGANARELLE.

Rien, voila le soupé.
Il prend un morceau d'un des plats qu'on apporte, & le met dans sa bouche.

D. JUAN.

Il me semble que tu as la joüe enflée, qu'est-ce que c'est? parle donc, qu'as-tu là?

SCANARELLE.

Rien.

D. JUAN.

Montre un peu, parbleu c'est une fluxion qui luy est tombée sur la joüe, viste une lancette pour percer cela. Le pauvre garçon n'en peut plus, & cét abcez le pourroit étouffer, attends, voyez comme il estoit meur. Ah, coquin que vous estes.

SGANARELLE.

Ma foy, Monsieur, je voulois voir si vostre Cuisinier n'avoit point mis trop de sel, ou trop de poivre.

D. JUAN.

Allons, mets-toy là, & mange. J'ay affaire de toy quand j'auray soupé, tu as faim à ce que je voy.

SGANARELLE *se met à table.*

Je le croy bien, Monsieur, je n'ay point mangé depuis ce matin. Tastez de cela, voila qui est le meilleur du monde. *Un laquais oste les assiettes de Sganarelle d'abord qu'il y a dessus à manger.* Mon assiette, mon assiette. Tout doux, s'il vous plaist. Vertubleu, petit Compere, que vous estes habile à donner des assiettes nettes, & vous petit la Violete, que vous sçavez presenter à boire à propos. *Pendant qu'un laquais donne à boire à Sganarelle, l'autre laquais oste encore son assiette.*

D. JUAN.

Qui peut fraper de cette sorte?

SGANARELLE.

Qui diable nous vient troubler dans nostre repas?

D. JUAN.

Je veux souper en repos au moins, & qu'on ne laisse entrer personne.

SGANARELLE.

Laissez-moy faire, je m'y en vais moy-mesme.

D. JUAN.

Qu'est-ce donc? qu'y a-t-il?

SGANARELLE *baissant la teste comme a fait la Statuë.*

Le.... qui est là!

D. JUAN.

Allons voir, & montrons que rien ne me sçauroit ébranler.

SGANARELLE.

Ah, pauvre Sganarelle, où te cacheras-tu?

SCENE VIII.

D. JUAN, LA STATUE *du Commandeur qui vient se mettre à table.* SGANARELLE. *Suite.*

D. JUAN.

UNe chaise & un couvert, viste donc, à Sganarelle. Allons, mets-toy à table.
SGANARELLE.
Monsieur, je n'ay plus de faim.
D. JUAN.
Mets-toy là te dis-je. A boire. A la santé du Commandeur, je te la porte, Sganarelle. Qu'on luy donne du vin.
SGANARELLE.
Monsieur, je n'ay pas soif.
D. JUAN.
Bois & chante ta chanson pour regaler le Commandeur.
SGANARELLE.
Je suis enrumé, Monsieur.
D. JUAN.
Il n'importe, allons. Vous autres venez, accompagnez sa voix.
LA STATUE.
D. Juan, c'est assez, je vous invite à venir demain souper avec-moy, en aurez-vous le courage?
D. JUAN.
Oüy, j'iray accompagné du seul Sganarelle.

210 D. JUAN, OU LE FEST. DE PIERRE,
SGANARELLE.
Je vous rends grace, il est demain jeusne pour moy.

D. JUAN à Sganarelle.
Prends ce flambeau.

LA STATUE.
On n'a pas besoin de lumiere, quand on est conduit par le Ciel.

Fin du quatriéme Acte.

ACTE V.

SCENE PREMIERE.

D. LOUIS, D. JUAN, SGANARELLE.

D. LOUIS.

Uoy, mon fils, seroit-il possible que la bonté du Ciel eust exaucé mes vœux ? Ce que vous me dites est-il bien vray ? ne m'abusez-vous point d'un faux espoir, & puis-je prendre quelque assurance sur la nouveauté surprenante d'une telle conversion ?

D. JUAN *faisant l'hipocrite*.

Oüy, vous me voyez revenu de toutes mes erreurs, je ne suis plus le mesme d'hier au soir, & le Ciel tout d'un coup a fait en moy un changement qui va surprendre tout le monde. Il a touché mon ame, & dessillé mes yeux, & je regarde avec horreur le long aveuglement où j'ay esté & les desordres criminels de la vie que j'ay menée. J'en repasse dans mon esprit toutes les abominations, & m'estonne comme le Ciel les a pû souffrir si long-temps, & n'a pas vingt fois sur ma teste laissé tomber les coups de sa Justice redoutable. Je voy les graces que sa bonté m'a faites en ne me puniſſant point de mes crimes, & je pretends en profiter comme je doy, faire éclater aux yeux du monde un ſoudain changement de vie, reparer par là le ſcandale de mes actions paſſées, & m'efforcer d'en obtenir du Ciel une pleine remiſſion. C'eſt à quoy je vais travailler, & je vous prie, Monſieur, de vouloir bien contribuer à ce deſſein, & de m'aider vous meſme à faire choix d'une perſonne qui me ſerve de guide, & ſous la conduite de qui je puiſſe marcher ſeurement dans le chemin où je m'en vais entrer.

D. LOUIS.

Ah, mon fils, que la tendreſſe d'un père eſt aiſément rappellée, & que les offences d'un fils s'évanoüiſſent viſte au moindre mot de repentir ! Je ne me ſouviens plus déja de tous les déplaiſirs que vous m'avez donnez, & tout eſt effacé par les paroles que vous venez de me faire entendre. Je ne me ſens pas, je l'avoüe, je jette des larmes de joye, tous mes vœux ſont ſatisfaits, & je n'ay plus rien deſormais à demander au Ciel. Embraſſez-moy, mon fils, & perſiſtez, je vous conjure, dans cette loüable penſée. Pour moy, j'en vais tout de ce pas porter l'heureuſe nouvelle à voſtre mere, partager avec elle les doux tranſports du raviſſement où je ſuis, & rendre grace au Ciel des ſaintes reſolutions qu'il a daigné vous inſpirer.

SCENE II.

D. JUAN, SGANARELLE.

SGANARELLE.

AH, Monsieur, que j'ay de joye de vous voir converty! il y a long-temps que j'attendois cela, & voila, grace au Ciel, tous mes souhaits accomplis.

D. JUAN.

La peste, le benest.

SGANARELLE.

Comment, le benest?

D. JUAN.

Quoy? tu prends pour de bon argent ce que je viens de dire, & tu crois que ma bouche estoit d'accord avec mon cœur?

SGANARELLE.

Quoy, ce n'est pas...... vous ne...... vostre... oh quel homme! quel homme! quel homme!

D. JUAN.

Non, non, je ne suis point changé, & mes sentimens sont toûjours les mesmes.

SGANARELLE.

Vous ne vous rendez pas à la surprenante merveille de cette Statuë mouvante & parlante?

D. JUAN.

Il y a bien quelque chose là-dedans que je ne comprends pas, mais quoy que ce puisse estre, cela n'est pas capable, ny de convaincre mon esprit, ny d'ébranler mon ame, & si j'ay dit que je voulois corriger ma conduite, & me jetter dans un train de vie exemplaire, c'est un dessein que j'ay formé par pure politique, un stratageme utile, une grimace necessaire, où je veux me contraindre pour ménager un pere dont j'ay besoin, & me mettre à couvert du costé des hommes de cent fâcheuses avantures qui pourroient m'arriver. Je veux bien, Sganarelle, t'en faire confidence, & je suis bien-aise d'avoir un témoin des veritables motifs qui m'obligent à faire les choses.

SGANARELLE.

Quoy ? toûjours libertin & débauché, vous voulez cependant vous eriger en homme de bien ?

D. JUAN.

Et pourquoy non ? il y en a tant d'autres comme moy qui se mêlent de ce métier, & qui se servent du mesme masque pour abuser le monde.

SGANARELLE.

Ah, quel homme ! quel homme !

D. JUAN.

Il n'y a plus de honte maintenant à cela, l'Hipocrisie est un vice à la mode, & tous les vices à la mode passent pour vertus. La profession d'Hipocite a de merveilleux avantages. C'est un art de qui l'imposture est toujours respectée, & quoy qu'on la découvre, on n'ose rien dire contr'elle. Tous les autres vices des hommes sont exposez à la censure, & chacun a la liberté de les attaquer hautement, mais l'Hipocrisie est un vice privilegié, qui de sa main ferme la bouche à tout le monde, & joüit en repos d'une impunité souveraine. On lie à force de grimaces une societé étroite avec tous les gens du party; qui en choque un, se les attire tous sur les bras, & ceux que l'on sçait mesme agir de bonne foy là-dessus, & que chacun connoist pour être veritablement touchez: ceux-là, dis-je, sont le plus souvent les dupes des autres, ils donnent bonnement dans le panneau des grimaciers, & appuyent aveuglément les singes de leurs actions. Combien crois-tu que j'en connoisse, qui par ce stratageme ont rhabillé adroitement les desordres de leur jeunesse, & sous un dehors respecté, ont la permission d'estre les plus méchans hommes du monde? on a beau sçavoir leurs intrigues, & les connoistre pour ce qu'ils sont, ils ne laissent pas pour cela d'estre en credit parmy les gens, & quelque baissement de teste, un soûpir mortifié, & deux roulemens d'yeux rajustent dans le monde tout ce qu'ils peuvent faire. C'est sous cét abry favorable que je veux mettre en seureté mes affaires. Je ne quitteray point mes douces habitudes, mais j'auray soin de me cacher, & me divertiray à petit bruit. Que si je viens à estre découvert, je verray sans me remuer prendre mes interests à toute ma cabale, & je seray défendu par elle envers, & contre tous. Enfin, c'est là le vray moyen de faire impunément tout ce que je voudray. Je m'érigeray en censeur des actions d'autruy, jugeray mal de tout le monde, & n'auray bonne opinion que de moy. Dés qu'une fois on m'aura choqué tant soit peu, je ne pardonneray jamais, & garderay tout doucement une haine irreconciliable. Je feray le vangeur de la vertu opprimée, & sous ce pretexte commode, je pousseray mes Ennemis, je les accuseray d'impieté, & sçauray déchaîner contr'eux des zelez indiscrets, qui sans connoissance de cause crieront contr'eux, qui les accableront d'injures, & les damneront hautement de leur authorité privée. C'est ainsi qu'il faut profiter des foiblesses des hommes, & qu'un sage esprit s'accommode aux vices de son siecle.

SGANARELLE.

O Ciel ! qu'entends-je icy ? il ne vous manquoit plus que d'estre Hipocrite pour vous achever de tout point, & voila le comble des abominations. Monsieur, cette derniere cy m'emporte, & je ne puis m'empescher de parler. Faites-moy tout ce qu'il vous plaira, batez-moy, assommez-moy de coups, tuez-moy, si vous voulez, il faut que je décharge mon cœur, & qu'en Valet fidele je vous dise ce que je dois. Sçachez, Monsieur, que tant va la cruche à l'eau, qu'enfin elle se brise : & comme dit fort bien cét Auteur que je ne connois pas, l'homme est en ce monde ainsi que l'oiseau sur la branche, la branche est attachée à l'arbre, qui s'attache à l'arbre suit de bons preceptes, les bons preceptes valent mieux que les belles paroles, les belles paroles se trouvent à la Cour. A la Cour sont les Courtisans, les Courtisans suivent la mode, la mode vient de la fantaisie, la fantaisie est une faculté de l'ame, l'ame est ce qui nous donne la vie, la vie finit par la mort... hé... songez à ce que vous deviendrez.

D. JUAN.

D. JUAN.

O le beau raisonnement !

SGANARELLE.

Aprés cela, si vous ne vous rendez, tant pis pour vous.

SCENE III.

D. CARLOS, D. JUAN, SGANARELLE.

D. CARLOS.

Dom Juan, je vous trouve à propos, & suis bien aise de vous parler icy plûtost que chez vous, pour vous demander vos resolutions. Vous sçavez que ce soin me regarde, & que je me suis en vostre presence chargé de cette affaire. Pour moy, je ne le cele point, je souhaite fort que les choses aillent dans la douceur, & il n'y a rien que je ne fasse pour porter vostre esprit à vouloir prendre cette voye, & pour vous voir publiquement confirmer à ma sœur le nom de vostre femme.

D. JUAN *d'un ton hipocrite.*

Helas ! je voudrois bien de tout mon cœur vous donner la satisfaction que vous souhaitez, mais le Ciel s'y oppose directement, il a inspiré à mon ame le dessein de changer de vie, & je n'ay point d'autres penſées maintenant que de quitter entierement tous les attachemens du monde, de me dépoüiller au plûtoſt de toutes ſortes de vanitez, & de corriger deſormais par une auſtere conduite tous les déreglemens criminels où m'a porté le feu d'une aveugle jeuneſſe.

D. CARLOS.

Ce deſſein, D. Juan, ne choque point ce que je dis, & la compagnie d'une femme legitime peut bien s'accommoder avec les loüables penſées que le Ciel vous inſpire.

D. JUAN.

Helas point du tout, c'eſt un deſſein que voſtre ſœur elle-meſme a pris, elle a reſolu ſa retraite, & nous avons eſté touchez tous deux en meſme temps.

D. CARLOS.

Sa retraite ne peut nous ſatisfaire, pouvant eſtre imputée au mépris que vous feriez d'elle & de nôtre famille, & noſtre honneur demande qu'elle vive avec vous.

D. JUAN.

Je vous aſſure que cela ne ſe peut, j'en avois pour moy toutes les envies du monde, & je me ſuis meſme encore aujourd'huy conſeillé au Ciel pour cela ; mais lors que je l'ay conſulté, j'ay entendu une voix qui m'a dit que je ne devois point ſonger à voſtre ſœur, & qu'avec elle aſſurément je ne ferois point mon ſalut.

D. CARLOS.

Croyez-vous, D. Juan, nous éblöuir par ces belles excuſes ?

D. JUAN.

J'obeïs à la voix du Ciel.

COMEDIE.
D. CARLOS.
Quoy vous voulez que je me paye d'un semblable discours?
D. JUAN.
C'est le Ciel qui le veut ainsi.
D. CARLOS.
Vous aurez fait sortir ma sœur d'un Convent pour la laisser ensuite?
D. JUAN.
Le Ciel l'ordonne de la sorte.
D. CARLOS.
Nous souffrirons cette tache en nostre famille?
D. JUAN.
Prenez-vous en au Ciel.
D. CARLOS.
Et quoy toûjours le Ciel?
D. JUAN.
Le Ciel le souhaite comme cela.
D. CARLOS.
Il suffit, D. Juan, je vous entends, ce n'est pas icy que je veux vous prendre, & le lieu ne le souffre pas; mais avant qu'il soit peu, je sçauray vous trouver.
D. JUAN.
Vous ferez ce que vous voudrez, vous sçavez que je ne manque point de cœur, & que je sçay me servir de mon épée quand il le faut, je m'en vais passer toute à l'heure dans cette petite ruë écartée qui mene au grand Convent, mais je vous declare pour moy, que ce n'est point moy qui me veux battre, le Ciel m'en défend la pensée, & si vous m'attaquez, nous verrons ce qui en arrivera.
D. CARLOS.
Nous verrons, de vray, nous verrons.

SCENE IV.

D. JUAN, SGANARELLE.

SGANARELLE.

Monsieur, quel diable de stile prenez-vous là ? cecy est bien pis que le reste, & je vous aimerois bien mieux encore comme vous estiez auparavant, j'esperois toûjours de vostre salut, mais c'est maintenant que j'en desespere, & je croy que le Ciel qui vous a souffert jusques icy, ne pourra souffrir du tout cette derniere horreur.

D. JUAN.

Va, va, le Ciel n'est pas si exact que tu penses, & si toutes les fois que les hommes......

SGANARELLE.

Ah, Monsieur, c'est le Ciel qui vous parle, & c'est un avis qu'il vous donne.

D. JUAN.

Si le Ciel me donne un avis, il faut qu'il parle un peu plus clairement, s'il veut que je l'entende.

SCENE V.

D. JUAN, UN SPECTRE *en femme voilée,* SGANARELLE.

LE SPECTRE.

Dom Juan n'a plus qu'un moment à pouvoir profiter de la misericorde du Ciel, & s'il ne se repent icy, sa perte est résoluë.

SGANARELLE.

Entendez-vous, Monsieur?

D. JUAN.

Qui ose tenir ces paroles ? je croy connoistre cette voix.

SGANARELLE.

Ha, Monsieur, c'est un Spectre, je le reconnois au marcher.

D. JUAN.

Spectre, Fantosme, ou Diable, je veux voir ce que c'est. *Le Spectre change de figure, & représente le Temps avec sa faux à la main.*

SGANARELLE.

O Ciel ! voyez-vous, Monsieur, ce changement de figure?

D. JUAN.

Non, non, rien n'est capable de m'imprimer de la terreur, & je veux éprouver avec mon épée si c'est un corps ou un esprit. *Le Spectre s'envole dans le temps que D. Juan le veut fraper.*

SGANARELLE.

Ah, Monsieur, rendez-vous à tant de preu-

T iij

ves, & jettez-vous viste dans le repentir.
D. JUAN.
Non, non, il ne sera pas dit, quoy qu'il arrivé, que je sois capable de me repentir, allons, suis-moy.

SCENE VI.
LA STATUE, D. JUAN, SGANARELLE.

LA STATUE.

Arrestez, D. Juan, vous m'avez hier donné parole de venir manger avec moy.

D. JUAN.
Oüy, où faut-il aller ?

LA STATUE.
Donnez-moy la main.

D. JUAN.
La voila.

LA STATUE.
D. Juan, l'endurcissement au peché traîne une mort funeste, & les graces du Ciel que l'on renvoye, ouvrent un chemin à sa foudre.

D. JUAN.
O Ciel, que sens-je ? un feu invisible me brûle, je n'en puis plus, & tout mon corps devient un brasier ardent, ah ! *Le tonnerre tombe avec un grand bruit & de grands éclairs sur D. Juan, la terre s'ouvre & l'abysme, & il sort de grands feux de l'endroit où il est tombé.*

COMEDIE.
SGANARELLE.

Voila par sa mort un chacun satisfait, Ciel offencé, Loix violées, filles seduites, familles deshonorées, parens outragez, femmes mises à mal, maris poussez à bout, tout le monde est content; il n'y a que moy seul de malheureux, qui aprés tant d'années de service, n'ay point d'autre recompense que de voir à mes yeux l'impieté de mon Maître, punie par le plus épouvantable châtiment du monde.

FIN.

MELICERTE

MELICERTE

COMEDIE

PASTORALE HEROIQUE.

Par J. B. P. de MOLIERE.

Représentée la premiere fois à S. Germain en Laye pour le Roy, au Ballet des Muses en Decembre 1666.

Par la Trouppe du Roy.

PERSONNAGES.

ACANTE, Amant de Daphné.

TYRENE, Amant d'Eroxene.

DAPHNÉ, Bergere.

EROXENE, Bergere.

LYCARSIS, Paſtre crû pere de Mirtil.

MIRTIL, Amant de Melicerte.

MELICERTE Nymphe ou Bergere, Amante de Mirtil.

CORINE, Confidente de Melicerte.

NICANDRE, Berger.

MOPSE Berger, crû Oncle de Melicerte.

La Scene eſt en Theſſalie dans la Valée de Tempé.

MELICERTE,
COMEDIE
PASTORALE HEROIQUE.

ACTE PREMIER.

SCENE PREMIERE.

TYRENE, DAPHNÉ, ACANTE, EROXENE.

ACANTE.

H! charmante Daphné.
TYRENE.
Trop aimable Eroxene.
DAPHNÉ.
Acante laisse-moy.
EROXENE.
Ne me suis point, Tyrene.
ACANTE.
Pourquoy me chasses-tu?
TYRENE.
Pourquoy suis-tu mes pas?

DAPHNÉ.
Tu me plais loin de moy.
EROXENE.
Je m'ayme où tu n'es pas.
ACANTE.
Ne cesseras-tu point cette rigueur mortelle?
TYRENE.
Ne cesseras-tu point de m'estre si cruelle?
DAPHNÉ.
Ne cesseras-tu point tes inutiles vœux.
EROXENE.
Ne cesseras-tu point de m'estre si fâcheux?
ACANTE.
Si tu n'en prends pitié, je succombe à ma peine.
TYRENE.
Si tu ne me secours, ma mort est trop certaine.
DAPHNÉ.
Si tu ne veux partir, je vais quitter ce lieu.
EROXENE.
Si tu veux demeurer, je te vais dire adieu.
ACANTE.
Hé bien en m'éloignant, je te vais satisfaire.
TYRENE.
Mon départ va t'oster ce qui peut te déplaire.
ACANTE.
Genereuse Eroxene, en faveur de mes feux
Daigne au moins par pitié luy dire un mot ou deux.
TYRENE.
Obligeante Daphné, parle à cette inhumaine.
Et sçache d'où pour moy procede tant de haine.

SCENE SECONDE.

DAPHNÉ, EROXENE.

EROXENE.

Acante a du merite, & t'aime tendrement.
D'où vient que tu luy fais un si dur traite-
   ment?
DAPHNÉ.
Tyrene vaut beaucoup, & languit pour tes
   charmes;
D'où vient que sans pitié tu vois couler tes
   larmes.
EROXENE.
Puis que j'ay fait icy la demande avant toy,
La raison te condamne à répondre avant moy.
DAPHNÉ.
Pour tous les soins d'Acante, on me voit in-
   flexible,
Parce qu'à d'autres vœux je me trouve sensi-
   ble.
EROXENE.
Je ne fais pour Tyrene éclater que rigueur,
Parce qu'un autre choix est maistre de mon
   cœur.
DAPHNÉ.
Puis-je sçavoir de toy ce choix qu'on te voit
   taire?
EROXENE.
Oüy, si tu veux du tien m'apprendre le mistere.

DAPHNE.

Sans te nommer celuy qu'Amour m'a fait
    choisir,
Je puis facilement contenter ton desir,
Et de la main d'Atis, ce Peintre inimitable.
J'en garde dans ma poche un portrait admi-
    rable,
Qui jusques au moindre trait luy ressemble si
    fort,
Qu'il est seur que tes yeux le connoistront d'a-
    bord.

EROXENE.

Je puis te contenter par une mesme voye,
Et payer ton secret en pareille monnoye.
J'ay de la main aussi de ce Peintre fameux,
Un aimable Portrait de l'objet de mes vœux,
Si plein de tous ses traits & de sa grace extrê-
    me,
Que tu pourras d'abord te le nommer toy-
    mesme.

DAPHNE'.

La boëte que le Peintre a fait faire pour moy,
Est tout à fait semblable à celle que je voy.

EROXENE.

Il est vray, l'une à l'autre entierement ressem-
    ble,
Et certe, il faut qu'Atis les ait fait faire en-
    semble.

DAPHNE'

Faisons en mesme temps par un peu de cou-
    leurs,
Confidence à nos yeux du secret de nos
    cœurs.

EROXENE.

Voyons à qui plus viste entendra ce langage,
Et qui parle le mieux de l'un ou l'autre ouvrage.

DAPHNE',

COMEDIE.
DAPHNÉ.
La méprise est plaisante, & tu te broüilles bien,
Au lieu de ton portrait tu m'as rendu le mien.
EROXENE.
Il est vray, je ne sçay comme j'ay fait la chose.
DAPHNÉ.
Donne. De cette erreur ta resverie est cause.
EROXENE.
Que veut dire cecy ? nous nous joüons, je croy.
Tu fais de ces Portraits mesme chose que moy.
DAPHNÉ.
Certe, c'est pour en rire, & tu peux me le rendre.
EROXENE.
Voicy le vray moyen de ne se point méprendre.
DAPHNÉ.
De mes sens prevenus est-ce une illusion ?
EROXENE.
Mon ame sur mes yeux fait-elle impression ?
DAPHNÉ.
Myrtil à mes regards s'offre dans cét ouvrage
EROXENE.
De Myrtil dans ces traits, je rencontre l'Image.
DAPHNÉ.
C'est le jeune Myrtil qui fait naistre mes feux.
EROXENE.
C'est au jeune Myrtil que tendent tous mes vœux.

Tome VII.   V

DAPHNÉ.
Je venois aujourd'huy te prier de luy dire,
Les soins que pour son sort son merite m'inspire.
EROXENE.
Je venois te chercher pour servir mon ardeur,
Dans le dessein que j'ay de m'assurer de son cœur.
DAPHNÉ.
Cette ardeur qu'il t'inspire est-elle si puissante?
EROXENE.
L'aimes-tu d'une amour qui soit si violente?
DAPHNÉ.
Il n'est point de froideur qu'il ne puisse enflamer,
Et sa grace naissante a dequoy tout charmer.
EROXENE.
Il n'est Nymphe en l'aimant qui ne se tinst heureuse,
Et Diane sans honte en seroit amoureuse.
DAPHNÉ.
Rien que son air charmant ne me touche aujourd'huy;
Et si j'avois cent cœurs, ils seroient tous pour luy.
EROXENE.
efface à mes yeux tout ce qu'on voit paroistre,
Et si j'avois un Sceptre, il en seroit le Maistre.
DAPHNÉ.
Ce seroit donc en vain qu'à chacune en ce jour,
On nous voudroit du sein arracher cét amour.
Nos ames dans leurs vœux sont trop bien affermies,

Ne taschons, s'il se peut qu'à demeurer a-
 mies.
Et puis qu'en mesme temps pour le mesme su-
 jet,
Nous avons toutes deux formé mesme projet,
Mettons dans ce debat la franchise en usage,
Ne prenons l'une & l'autre aucun lâche avan-
 tage,
Et courons nous ouvrir ensemble à Lycarsis,
Des tendres sentimens où nous jette son fils.
EROXENE.
J'ay peine à concevoir, tant la surprise est
 forte,
Comme un tel fils est né d'un pere de la sorte,
Et sa taille, son air, sa parole & ses yeux,
Feroient croire qu'il est issu du sang des Dieux:
Mais enfin j'y souscris, courons trouver ce pere,
Allons-luy de nos cœurs découvrir le mistere,
Et consentons qu'aprés Myrtil, entre nous
 deux,
Décide par son choix ce combat de nos vœux.
DAPHNE'.
Soit, je voy Lycarsis avec Mopse & Nican-
 dre,
Ils pourront le quitter, cachons nous pour at-
 tendre.

SCENE III.

LYCARSIS, MOPSE, NICANDRE.

NICANDRE.

Dy-nous donc ta nouvelle.
LYCARSIS.
Ah, que vous me pressez!
Cela ne se dit pas comme vous le pensez.
MOPSE.
Que de sottes façons, & que de badinage,
Menalque pour chanter n'en fait pas davantage.
LYCARSIS.
Parmy les curieux des affaires d'Estat,
Une nouvelle à dire est d'un puissant éclat.
Je me veux mettre un peu sur l'homme d'importance,
Et joüir quelque temps de vostre impatience.
NICANDRE.
Veux-tu par tes delais nous fatiguer tous deux?
MOPSE.
Prends-tu quelque plaisir à te rendre fascheux?
NICANDRE.
De grace, parle, & mets ces mines en arriere.
LYCARSIS.
Priez-moy donc tous deux de la bonne maniere,
Et me dites chacun quel don vous me ferez,
Pour obtenir de moy ce que vous desirez.

COMEDIE.
MOPSE.
La peste soit du fat, laissons-le là, Nicandre,
Il brûle de parler bien plus que nous d'entendre.
Sa nouvelle luy pese, il veut s'en décharger,
Et ne l'écouter pas, est le faire enrager.
LYCARSIS.
Eh.
NICANDRE.
Te voila puny de tes façons de faire.
LYCARSIS.
Je m'en vais vous le dire, écoutez.
MOPSE.
      Point d'affaires.
LYCARSIS.
Quoy vous ne voulez pas m'entendre ?
NICANDRE.
      Non.
LYCARSIS.
      Et bien
Je ne diray donc mot, & vous ne sçaurez rien.
MOPSE.
Soit.
LYCARSIS.
Vous ne sçaurez pas qu'avec magnificence,
Le Roy vient d'honorer Tempé de sa presence :
Qu'il entra dans Larife hier sur le haut du jour :
Qu'à l'aise je l'y vis avec toute sa Cour :
Que ces bois vont joüir aujourd'huy de sa veuë,
Et qu'on raisonne fort touchant cette venuë.
NICANDRE.
Nous n'avons pas envie aussi de rien sçavoir.
LYCARSIS.
Je vis cent choses là ravissantes à voir.
Ce ne sont que Seigneurs, qui des pieds à la teste,
Sont brillans & parez comme au jour d'une feste,
Ils surprennent la veuë & nos prez au Printemps

Avec toutes leurs fleurs sont bien moins écla-
tans.
Pour le Prince entre tous, sans peine on le re-
marque,
Et d'une stade loin, il sent son grand Monar-
que,
Dans toute sa personne, il a je ne sçay quoy,
Qui d'abord fait juger que c'est un maître Roy.
Il le fait d'une grace à nulle autre seconde,
Et cela sans mentir luy sied le mieux du mon-
de.
On ne croiroit jamais comme de toutes parts,
Toute sa Cour s'empresse à chercher ses re-
gards :
Ce sont autour de luy confusions plaisantes,
Et l'on diroit d'un tas de mouches reluisantes,
Qui suivent en tous lieux un doux rayon de
miel.
Enfin, l'on ne voit rien de si beau sous le Ciel,
Et la feste de Pan parmy nous si cherie,
Auprés de ce spectacle est une gueuserie :
Mais puis que sur le fier vous vous tenez si bien,
Je garde ma nouvelle, & ne veux dire rien.

MOPSE.

Et nous ne te voulons aucunement entendre.

LYCARSIS.

Allez vous promener.

MOPSE.

Va-t-en te faire pendre.

SCENE IV.

EROXENE, DAPHNÉ, LYCARSIS.

LYCARSIS.

C'Est de cette façon que l'on punit les gens,
Quand ils font les benets & les impertinens.

DAPHNÉ.

Le Ciel tienne, Pasteur, vos brebis toûjours
saines.

EROXENE.

Cerés tienne de grains vos granges toûjours
pleines.

LYCARSIS.

Et le grand Pan vous donne à chacune un Epoux,
Qui vous aime beaucoup, & soit digne de vous.

DAPHNÉ.

Ah, Lycarsis, nos vœux à mesme but aspirent.

EROXENE.

C'est pour le mesme objet que nos deux cœurs
soûpirent.

DAPHNÉ.

Et l'amour cét Enfant qui cause nos langueurs,
A pris chez vous le trait dont il blesse nos cœurs.

EROXENE.

Et nous venons icy chercher vostre alliance,
Et voir qui de nous deux aura la preferance.

LYCARSIS.

Nymphes....

DAPHNÉ.

Pour ce bien seul nous poussons des soûpirs.

LYCARSIS.
Ie suis....
EROXENE.
A ce bonheur tendent tous nos desirs.
DAPHNE'.
C'est un peu librement expliquer sa pensée.
LYCARSIS.
Pourquoy.
EROXENE.
La bienseance y semble un peu blessée.
LYCARSIS.
Ah point.
DAPHNE'.
Mais quand le cœur brûle d'un noble feu,
On peut sans nulle honte en faire un libre aveu.
LYCARSIS.
Je....
EROXENE.
Cette liberté nous peut estre permise,
Et du choix de nos cœurs la beauté l'autorise.
LYCARSIS.
C'est blesser ma pudeur que me flater ainsi.
EROXENE.
Non, non, n'affectez point de modestie icy.
DAPHNE'.
Enfin tout nostre bien est en vostre puissance.
EROXENE.
C'est de vous que dépend nostre unique esperance.
DAPHNE'.
Trouverons-nous en vous quelques difficultez?
LYCARSIS.
Ah.
EROXENE.
Nos vœux, dites-moy, seront-ils rejettez?
LYCARSIS.

COMEDIE.
LYCARSIS.
Non, j'ay receu du Ciel un ame peu cruelle,
Je tiens de feu ma femme, & je me sens comme
 elle
Pour les desirs d'autruy beaucoup d'humanité,
Et je ne suis point homme à garder de fierté.
DAPHNE.
Accordez donc Myrtil à nostre amoureux zele.
EROXENE.
Et souffrez que son choix regle nostre querelle.
LYCARSIS.
Myrtil?   DAPHNE.
 Oüy, c'est Myrtil que de vous nous voulons.
EROXENE.
De qui pensez-vous donc qu'icy nous vous par-
 lons?
LYCARSIS.
Je ne sçay, mais Myrtil n'est guere dans un âge
Qui soit propre à ranger au joug du mariage.
DAPHNE.
Son merite naissant peut fraper d'autres yeux,
Et l'on veut s'engager un bien si precieux,
Prevenir d'autres cœurs, & braver la fortune
Sous les fermes liens d'une chaisne commune.
EROXENE.
Comme par son esprit & ses autres brillans,
Il rompt l'ordre commun & devance le temps,
Nostre flâme pour luy veut en faire de mesme,
LYCARSIS.
Et regler tous ses vœux sur son merite extrême.
Il est vray qu'à son âge, il surprend quelquefois.
Et cét Athenien qui fut chez moy vingt mois,
Qui le trouvant joly, se mit en fantaisie
De luy remplir l'esprit de sa philosophie,
Sur de certains discours l'a rendu si profond,
Que tout grand que je suis, souvent il me confond.

Tome VII.   X

Mais avec tout cela, ce n'est encore qu'enfance,
Et son fait est mêlé de beaucoup d'innocence.
DAPHNÉ
Il n'est point tant enfant, qu'à le voir chaque jour,
Je ne le croye atteint déja d'un peu d'amour,
Et plus d'une avanture à mes yeux s'est offerte,
Où j'ay connu qu'il suit la jeune Melicerte.
EROXENE
Ils pourroient bien s'aimer, & je voy....
LYCARSIS
Franc abus,
Pour elle passe encore, elle a deux ans de plus,
Et deux ans dans son sexe est une grande avance.
Mais pour luy, le jeu seul l'occupe tout, je pense,
Et les petits desirs de se voir ajusté
Ainsi que les Bergers de haute qualité.
DAPHNÉ
Enfin nous desirons par le nœud d'hymenée,
Attacher sa fortune à nostre destinée.
EROXENE
Nous voulons l'une & l'autre avec pareille ardeur,
Nous assurer de loin l'empire de son cœur.
LYCARSIS
Je m'en tiens honoré autant qu'on sçauroit croire.
Je suis un pauvre Pastre, & ce m'est trop de gloire,
Que deux Nymphes d'un rang le plus haut du païs,
Disputent à se faire un époux de mon fils.
Puis qu'il vous plaist qu'ainsi la chose s'execute,
Je consens que son choix regle vostre dispute,
Et celle qu'à l'écart laissera cét arrest,
Pourra pour son recours m'épouser, s'il luy plaist.
C'est toûjours même sang & presque même chose.
Mais le voicy, souffrez qu'un peu je le dispose,

Il tient quelque moineau qu'il a pris fraischement.
Et voila ses amours & son attachement.

SCENE V.

MYRTIL, LYCARSIS, EROXENE,
DAPHNE.

MYRTIL.

Innocente petite beste,
Qui contre ce qui vous arreste,
Vous debattez tant à mes yeux,
De vostre liberté ne plaignez point la perte,
Vostre dessein est glorieux,
Je vous ay pris pour Melicerte.

Elle vous baisera vous prenant dans sa main,
Et de vous mettre en son sein,
Elle vous fera la grace.
Est-il un sort au monde & plus doux & plus beau.
Et qui des Rois, helas, heureux petit moineau,
Ne voudroit estre en vostre place?

LYCARSIS.

Myrtil, Myrtil, un mot, laissons-là ces joyaux,
Il s'agit d'autre chose icy que de moineaux.
Ces deux Nymphes, Myrtil, à la fois te pre-
 tendent,
Et tout jeune déja pour epoux te demandent.
Je dois par un Hymen t'engager à leurs vœux,
Et c'est toy que l'on veut qui choisisse des deux.

MYRTIL.

Ces Nymphes....

LYCARSIS.
Oüy, des deux tu peux en choisir une;
Voy quel est ton bonheur, & benis la fortune.
MYRTIL.
Ce choix qui m'est offert, peut-il m'estre un bon-
heur,
S'il n'est aucunement souhaité de mon cœur ?
LYCARSIS.
Enfin, qu'on le reçoive, & que sans le confondre,
A l'honneur qu'elles font, on songe à bien répon-
dre.
EROXENE.
Malgré cette fierté qui regne parmy nous,
Deux Nymphes, ô Myrtil, viennent s'offrir à
vous,
Et de vos qualitez les merveilles écloses,
Font que nous renversons icy l'ordre des choses.
DAPHNÉ.
Nous vous laissons, Myrtil, pour l'avis le meil-
leur,
Consulter sur ce choix vos yeux & vostre cœur,
Et nous n'en voulons point prevenir les suffrages
Par un recit paré de tous nos avantages.
MYRTIL.
C'est me faire un honneur dont l'éclat me sur-
prend ;
Mais cét honneur pour moy, je l'avoüe, est trop
grand.
A vos rares bontez, il faut que je m'oppose,
Pour meriter ce sort, je suis trop peu de chose :
Et je serois fasché, quels qu'en soient les appas,
Qu'on vous blasmast pour moy de faire un choix
trop bas.
EROXENE.
Contentez nos desirs, quoy qu'on en puisse croire,
Et ne vous chargez point du soin de nostre gloire.

COMEDIE.
DAPHNÉ.
Non, ne descendez point dans ces humilitez,
Et laissez-nous juger ce que vous meritez.
MYRTIL.
Le choix qui m'est offert s'oppose à vôtre attente,
Et peut seul empescher que mon cœur vous contente.
Le moyen de choisir de deux grandes beautez,
Egales en naissance, & rares qualitez ?
Rejetter l'une ou l'autre est un crime effroyable ;
Et n'en choisir aucune est bien plus raisonnable.
EROXENE.
Mais en faisant refus de répondre à nos vœux,
Au lieu d'une, Myrtil, vous en outragez deux.
DAPHNÉ.
Puis que nous consentons à l'arrest qu'on peut rendre,
Ces raisons ne font rien à vouloir s'en défendre.
MYRTIL.
Et bien, si ces raisons ne vous satisfont pas,
Celle-cy le fera, j'aime d'autres appas,
Et je sens bien qu'un cœur, qu'un bel objet engage,
Est insensible & sourd à tout autre avantage.
LYCARSIS.
Comment donc ? qu'est-ce-cy ? qui l'eust pû presumer ?
Et sçavez-vous, morveux, ce que c'est que d'aimer.
MYRTIL.
Sans sçavoir ce que c'est, mon cœur a sçeu le faire.
LYCARSIS.
Mais cét amour me choque, & n'est pas necessaire.

MYRTIL.
Vous ne deviez donc pas, si cela vous déplaist,
Me faire un cœur sensible & tendre comme il est.
LYCARSIS.
Mais ce cœur que j'ay fait, me doit obeïssance.
MYRTIL.
Oüy, lors que d'obeïr il est en sa puissance.
LYCARSIS.
Mais enfin, sans mon ordre, il ne doit point aimer.
MYRTIL.
Que n'empeschiez-vous donc que l'on peust le charmer?
LYCARSIS.
Et bien, je vous défends que cela continuë.
MYRTIL.
La défense, j'ay peur, sera trop tard venuë.
LYCARSIS.
Quoy, les peres n'ont pas des droits superieurs?
MYRTIL.
Les Dieux qui sont bien plus ne forcent point les cœurs.
LYCARSIS.
Les Dieux.... Paix, petit sot, cette philosophie me....
DAPHNE.
Ne vous mettez point en courroux, je vous prie.
LYCARSIS.
Non, je veux qu'il se donne à l'une pour époux,
Où je vay luy donner le foüet tout devant vous :
Ah, ah, je vous feray sentir que je suis pere.
DAPHNE.
Traitons, de grace, icy les choses sans colere.
EROXENE.
Peut-on sçavoir de vous cet objet si charmant,
Dont la beauté, Myrtil, vous a fait son Amant?

COMEDIE.
MYRTIL.
Melicerte, Madame, elle en peut faire d'autres.
EROXENE.
Vous comparez, Myrtil, ses qualitez aux nostres?
DAPHNÉ.
Le choix d'elle & de nous est assez inégal.
MYRTIL.
Nymphes, au nom des Dieux, n'en dites point
   de mal,
Daignez considerer, de grace, que je l'aime,
Et ne me jettez point dans un desordre extrême.
Si j'outrage en l'aimant vos celestes attrais,
Elle n'a point de part au crime que je fais :
C'est de moy, s'il vous plaist, que vient toute
   l'offense.
Il est vray d'elle à vous, je sçay la difference,
Mais par sa destinée on se trouve enchaisné,
Et je sens bien enfin que le Ciel m'a donné
Pour vous tout le respect, Nymphes, imaginable :
Pour elle tout l'amour dont une ame est capable.
Je vois à la rougeur qui vient de vous saisir,
Que ce que je vous dy ne vous fait pas plaisir.
Si vous parlez, mon cœur apprehende d'enten-
   dre
Ce qui peut le blesser par l'endroit le plus tendre:
Et pour me dérober à de semblables coups,
Nymphes, j'aime bien mieux prendre congé de
   vous.
LYCARSIS.
Myrtil, hola, Myrtil, veux tu revenir, traistre.
Il fuit, mais on verra qui de nous est le maistre.
Ne vous effrayez point de tous ces vains trans-
   ports,
Vous l'aurez pour époux, j'en réponds corps pour
   corps,

Fin du premier Acte.

ACTE II.

SCENE PREMIERE.

MELICERTE, CORINE.

MELICERTE.

AH, Corine, tu viens de l'apprendre de Stelle,
Et c'est de Lycarsis qu'elle tient la nouvelle.

CORINE.

Oüy.

MELICERTE.

Que les qualitez, dont Myrtil est orné,
Ont sçeu toucher d'amour Eroxene & Daphné.

CORINE.

Oüy.

MELICERTE.

Que pour l'obtenir leur ardeur est si grande,
Qu'ensemble elles en ont déja fait la demande,
Et que dans ce debat elles ont fait dessein
De passer dés cette heure à recevoir sa main.
Ah, que tes mots ont peine à sortir de ta bouche,
Et que c'est foiblement que mon soucy te touche.

COMEDIE.
CORINE.
Mais quoy, que voulez-vous, c'est-là la verité,
Et vous redites tout, comme je l'ay conté.
MELICERTE.
Mais comment Lycarsis reçoit-il cette affaire?
CORINE.
Comme un honneur, je croy, qui doit beaucoup
   luy plaire.
MELICERTE.
Et ne vois-tu pas bien, toy qui sçais mon ardeur,
Qu'avec ce mot, helas! tu me perces le cœur.
CORINE.
Comment?
MELICERTE.
Me mettre aux yeux que le sort implacable
Auprés d'elles me rend trop peu considerable,
Et qu'à moy par leur rang on les va preferer,
N'est-ce pas une idée à me desesperer?
CORINE.
Mais quoy? je vous réponds & dis ce que je
   pense.
MELICERTE.
Ah, tu me fais mourir par ton indifference.
Mais dy, quels sentimens Myrtil a-t-il fait voir?
CORINE.
Je ne sçay.
MELICERTE.
   Et c'est-là ce qu'il faloit sçavoir,
Cruelle.
CORINE.
   En verité, je ne sçay comment faire,
Et de tous les costez je trouve à vous déplaire.
MELICERTE.
C'est que tu n'entres point dans tous les mouve-
   mens
D'un cœur, helas remply de tendres sentimens.

Va-t-en, laisse-moy seule en cette solitude
Passer quelques momens de mon inquietude.

SCENE II.

MELICERTE.

Vous le voyez, mon cœur, ce que c'est que d'aimer,
Et Belise avoit sçeu trop bien m'en informer.
Cette charmante mere avant sa destinée,
Me disoit une fois sur le bord du Pénée.
Ma fille, songe à toy, l'amour aux jeunes cœurs
Se presente toûjours entouré de douceurs.
D'abord il n'offre aux yeux que choses agreables:
Mais il traisne aprés luy des troubles effroyables.
Et si tu veux passer tes jours dans quelque paix,
Toûjours comme d'un mal défend-toy de ses traits.
De ces leçons, mon cœur, je m'estois souvenuë:
Et quand Myrtil venoit à s'offrir à ma veuë,
Qu'il joüoit avec moy, qu'il me rendoit des soins,
Je vous disois toûjours de vous y plaire moins,
Vous ne me creustes point, & vostre complaisance
Se vit bien-tost changée en trop de bien-veillance.
Dans ce naissant amour qui flatoit vos desirs,
Vous ne vous figuriez que joye & que plaisirs:
Cependant vous voyez la cruelle disgrace,
Dont en ce triste jour le destin vous menace,

COMEDIE.

Et la peine mortelle où vous voila reduit !
Ah, mon cœur ! ah, mon cœur ! je vous l'avois
   bien dit :
Mais tenons, s'il se peut noſtre douleur couverte.
Voicy....

SCENE III.

MYRTIL, MELICERTE.

MYRTIL.

J'Ay fait tantoſt, charmante Melicerte,
Un petit priſonnier que je garde pour vous,
Et dont peut-eſtre un jour je deviendray jaloux.
C'eſt un jeune Moineau, qu'avec un soin extrême
Je veux pour vous l'offrir appriuoiſer moy-mê-
   me.
Le preſent n'eſt pas grand ; mais les divinitez
Ne jettent leurs regards que ſur les volontez.
C'eſt le cœur qui fait tout, & jamais la richeſſe
Des preſens que.... Mais Ciel, d'où vient cet-
   te triſteſſe ?
Qu'avez-vous, Melicerte, & quel ſombre cha-
   grin
Seroit dans vos beaux yeux répandu ce matin ?
Vous ne répondez point ? & ce morne ſilence
Redouble encore ma peine & mon impatience.
Parlez, de quel ennuy reſſentez-vous les coups?
Qu'eſt-ce donc ?

MELICERTE.

Ce n'eſt rien.

MYRTIL.

Ce n'est rien, dites-vous ?
Et je voy cependant vos yeux couverts de larmes,
Cela s'accorde-t-il, beauté pleine de charmes ?
Ah, ne me faites point un secret dont je meurs,
Et m'expliquez, helas ! ce que disent ces pleurs.

MELICERTE.

Rien ne me serviroit de vous le faire entendre.

MYRTIL.

Devez-vous rien avoir que je ne doive apprendre,
Et ne blessez-vous pas nostre amour aujourd'huy,
De vouloir me voler ma part de vostre ennuy ?
Ah, ne le cachez point à l'ardeur qui m'inspire.

MELICERTE.

Hé bien, Myrtil, hé bien, il faut donc vous le
  dire :
J'ay sçeu que par un choix plein de gloire pour
  vous,
Erorene & Daphné vous veulent pour Epoux :
Et je vous avoüeray que j'ay cette foiblesse,
De n'avoir pû, Myrtil, la sçavoir sans tristesse,
Sans accuser du sort la rigoureuse loy,
Qui les rend dans leurs vœux preferables à moy.

MYRTIL.

Et vous pouvez l'avoir cette injuste tristesse,
Vous pouvez soupçonner mon amour de foibles-
  se,
Et croire qu'engagé par des charmes si doux,
Je puisse estre jamais à quelqu'autre qu'à vous ?
Que je puisse accepter une autre main offerte ?
Hé, que vous ay-je fait, cruelle Melicerte,
Pour traiter ma tendresse avec tant de rigueur,
Et faire un jugement si mauvais de mon cœur ?
Quoy, faut-il que de luy vous ayez quelque
  crainte,
Je suis bien mal-heureux de souffrir cette atteinte.

COMEDIE.

Et que me sert d'aimer comme je fais, helas,
Si vous estes si preste à ne le croire pas.
MELICERTE.
Je pourrois moins, Myrtil, redouter ces Rivales,
Si les choses estoient de part & d'autre égales.
Et dans un rang pareil j'oserois esperer,
Que peut-estre l'Amour me feroit preferer :
Mais l'inégalité de bien & de naissance,
Qui peut d'elles à moy faire la difference....
MYRTIL.
Ah, leur rang de mon cœur ne viendra point à
   bout,
Et vos divins appas vous tiennent lieu de tout.
Je vous aime, il suffit, & dans vostre personne,
Je voy Rang, Biens, Tresors, Etats, Sceptres,
   Couronne,
Et des Rois le plus grand m'offrît-on le pouvoir,
Je n'y changerois pas le bien de vous avoir.
C'est une verité toute sincere & pure,
Et pouvoir en douter est me faire une injure.
MELICERTE.
Hé bien, je croy, Myrtil, puis que vous le vou-
   lez,
Que vos vœux par leur rang ne sont point ébran-
   lez,
Et que bien qu'elles soient Nobles, riches & belles,
Vostre cœur m'aime assez pour me mieux aimer
   qu'elles :
Mais ce n'est pas l'Amour dont vous suivez la
   voix,
Vostre pere, Myrtil, reglera vostre choix,
Et de mesme qu'à vous je ne luy suis pas chere,
Pour preferer à tout une simple Bergere.
MYRTIL.
Non, chere Melicerte, il n'est pere ny Dieux
Qui me puissent forcer à quiter vos beaux yeux,

Et toûjours de mes vœux, Reyne comme vous estes....
MELICERTE.
Ah, Myrtil, prenez garde à ce qu'icy vous faites,
N'allez point presenter un espoir à mon cœur,
Qu'il recevroit peut-estre avec trop de douceur,
Et qui tombant aprés comme un éclair qui passe,
Me rendroit plus cruel le coup de ma disgrace.
MYRTIL.
Quoy, faut-il des sermens appeller le secours,
Lors que l'on vous promet de vous aimer toûjours ?
Que vous vous faites tort par de telles alarmes,
Et connoissez bien peu le pouvoir de vos charmes.
Hé bien, puis qu'il le faut, je jure par les Dieux ;
Et si ce n'est assez, je jure par vos yeux,
Qu'on me tuëra plûtost que je vous abandonne,
Recevez-en icy la foy que je vous donne,
Et souffrez que ma bouche avec ravissement,
Sur cette belle main en signe le serment.
MELICERTE.
Ah, Myrtil, levez-vous, de peur qu'on ne vous voye.
MYRTIL.
Est-il rien.... Mais, ô Ciel, on vient troubler ma joye.

SCENE IV.

LYCARSIS, MYRTIL, MELICERTE.

LYCARSIS.

Ne vous contraignez pas pour moy.
MELICERTE.
        Quel sort fâcheux.
LYCARSIS.
Cela ne va pas mal, continuez tous deux.
Peste, mon petit fils, que vous avez l'air tendre,
Et qu'en maistre déja vous sçavez vous y pren-
    dre:
Vous a-t-il, ce sçavant, qu'Athenes exila,
Dans sa Philosophie appris ces choses-là ;
Et vous qui luy donnez de si douce maniere
Vostre main à baiser, la gentille Bergere,
L'honneur vous apprend-il ces mignardes dou-
    ceurs,
Par qui vous débauchez ainsi les jeunes cœurs?
MYRTIL.
Ah, quittez de ces mots l'outrageante bassesse,
Et ne m'accablez point d'un discours qui la
    blesse.
LYCARSIS.
Je veux luy parler moy, toutes ces amitiez....
MYRTIL.
Je ne souffriray point que vous la maltraitiez.
A du respect pour vous la naissance m'engage,
Mais je sçauray sur moy vous punir de l'outrage:

Oüy, j'attefte le Ciel, que fi contre mes vœux,
Vous luy dites encore le moindre mot fâcheux,
Je vais avec ce fer, qui m'en fera juftice,
Au milieu de mon fein vous chercher un fupplice,
Et par mon fang verfé luy marquer promptement
L'éclatant defaveu de voftre emportement.

MELICERTE.

Non, non, ne croyez pas qu'avec art je l'enflâme,
Et que mon deffein foit de feduire fon ame :
S'il s'attache à me voir, & me veut quelque bien,
C'eft de fon mouvement, je ne l'y force en rien.
Ce n'eft pas que mon cœur veüille icy fe défendre,
De répondre à fes vœux d'une ardeur affez tendre.
Je l'aime, je l'avoüe autant qu'on puiffe aimer :
Mais cét amour n'a rien qui vous doive alarmer.
Et pour vous arracher toute injufte créance,
Je vous promets icy d'éviter fa prefence ;
De faire place au choix où vous vous refoudrez,
Et ne fouffrir fes vœux que quand vous le voudrez.

SCENE V.

LYCARSIS, MYRTIL.

MYRTIL.

ET bien, vous triomphez avec cette retraite,
Et dans ces mots voftre ame a ce qu'elle fouhaite :
Mais apprenez qu'en vain vous vous réjoüiffez,
Que vous ferez trompé dans ce que vous penfez,

Et

COMEDIE.

Et qu'avec tous vos soins, toute vostre puissance,
Vous ne gagnerez rien sur ma perseverance.
LYCARSIS.
Comment, à quel orgueil, fripon, vous vois-je
　　aller ?
Est-ce de la façon que l'on me doit parler ?
MYRTIL.
Oüy, j'ay tort, il est vray, mon transport n'est
　　pas sage :
Pour rentrer au devoir, je change de langage,
Et je vous prie icy, mon Pere, au nom des
　　Dieux,
Et par tout ce qui peut vous estre precieux,
De ne vous point servir dans cette conjoncture,
Des fiers droits que sur moy vous donne la nature,
Ne m'empoisonnez point vos bien-faits les
　　plus doux,
Le jour est un present que j'ay receu de vous :
Mais dequoi vous serai-je aujourd'hui redevable,
Si vous me l'allez rendre, helas, insupportable?
Il est sans Melicerte un supplice à mes yeux :
Sans ses divins appas, rien ne m'est precieux,
Ils font tout mon bonheur, & toute mon envie,
Et si vous me l'ostez, vous m'arrachez la vie.
LYCARSIS.
Aux douleurs de son ame il me fait prendre part.
Qui l'auroit jamais cru de ce petit pendart?
Quel amour, quels transports, quels discours
　　pour son âge :
J'en suis confus, & sens que cét amour m'engage.
MYRTIL.
Voyez, me voulez-vous ordonner de mourir ?
Vous n'avez qu'à parler, je suis prest d'obeïr.
LYCARSIS.
Je ne puis plus tenir, il m'arrache des larmes,
Et ces tendres propos me font rendre les armes.

Tome VII.　　　　　　　　　　　Y

MYRTIL.
Que si dans vostre cœur un reste d'amitié,
Vous peut de mon destin donner quelque pitié,
Accordez Melicerte à mon ardente envie,
Et vous ferez bien plus que me donner la vie.
LYCARSIS.
Leve-toy.
MYRTIL.
Serez-vous sensible à mes soupirs ?
LYCARSIS.
Oüy.
MYRTIL.
J'obtiendray de vous l'objet de mes desirs.
LYCARSIS.
Oüy.
MYRTIL.
Vous ferez pour moy que son Oncle l'oblige
A me donner sa main.
LYCARSIS.
Oüy, leve-toy, te dis je.
MYRTIL.
O Pere, le meilleur qui jamais ait esté,
Que je baise vos mains, aprés tant de bonté.
LYCARSIS.
Ah, que pour ses enfans un pere a de foiblesse !
Peut-on rien refuser à leurs mots de tendresse,
Et ne se sent-on pas certains mouvemens doux,
Quand on vient à songer que cela sort de vous ?
MYRTIL.
Me tiendrez-vous au moins la parole avancée.
Ne changerez-vous point, dites-moy, de pensée?
LYCARSIS.
Non.
MYRTIL.
Me permettez-vous de vous desobeïr,
Si de ces sentimens on vous fait revenir :
Prononcez le mot.

COMEDIE. 259
LYCARSIS.
    Oüy. Ha nature ! nature,
Je m'en vais trouver Mopse, & luy faire ouver-
 ture
De l'amour que sa Niéce,& toy,vous vous portez.
MYRTIL.
Ah, que ne dois-je point à vos rares bontez :
Quelle heureuse nouvelle à dire à Melicerte,
Je n'accepterois pas une Couronne offerte,
Pour le plaisir que j'ay de courir luy porter,
Ce merveilleux succez qui la doit contenter.

SCENE VI.

ACANTE, TYRENE, MYRTIL.

ACANTE.

AH, Myrtil, vous avez du Ciel receu des
 charmes,
Qui nous ont preparé des matieres de larmes,
Et leur naissant éclat fatal à nos ardeurs,
De ce que nous aimons nous enlevent les cœurs.
TYRENE.
Peut-on sçavoir, Myrtil, vers qui de ces deux
 Belles,
Vous tournerez ce choix dont courent les nouvel-
 les,
Et sur qui doit de nous tomber ce coup affreux,
Dont se voit foudroyé tout l'espoir de nos vœux?
ACANTE.
Ne faites point languir deux Amans davantage,
Et nous dites quel sort vostre cœur nous partage.
      Y ij

TYRENE.

Il vaut mieux quand on craint ces malheurs éclatans,
En mourir tout d'un coup que traîner si long-temps.

MYRTIL.

Rendez, Nobles Bergers, le calme à vostre flâme,
La Belle Melicerte a captivé mon ame :
Auprés de cét objet mon sort est assez doux,
Pour ne pas consentir à rien prendre sur vous.
Et si vos vœux enfin n'ont que les miens à craindre,
Vous n'aurez l'un ny l'autre aucun lieu de vous plaindre.

ACANTE.

Ah, Myrtil, se peut-il que deux tristes Amans....

TYRENE.

Est-il vray que le Ciel sensible à nos tourmens....

MYRTIL.

Oüy, content de mes fers comme d'une victoire,
Je me suis excusé de ce choix plein de gloire;
J'ay de mon Pere encore changé les volontez,
Et l'ay fait consentir à mes felicitez.

ACANTE.

Ah, que cette avanture est un charmant miracle,
Et qu'à nostre poursuite elle oste un grand obstacle.

TYRENE.

Elle peut renvoyer ces Nymphes à nos vœux,
Et nous donner moyen d'estre contens tous deux.

SCENE VII.

NICANDRE, MYRTIL, ACANTE, TYRENE.

NICANDRE.

Sçavez-vous en quel lieu Melicerte est cachée ?

COMEDIE

MYRTIL.

Comment ?

NICANDRE.
En diligence elle est par tout cherchée.

MYRTIL.

Et pourquoy ?

NICANDRE.
Nous allons perdre cette beauté.
C'est pour elle qu'icy le Roy s'est transporté,
Avec un grand Seigneur on dit qu'il la marie.

MYRTIL.
O Ciel, expliquez-moy ce discours, je vous prie.

NICANDRE.
Ce sont des incidens grands & mysterieux:
Oüy, le Roy vient chercher Melicerte en ces lieux;
Et l'on dit qu'autrefois feu Belise sa mere,
Dont tout Tempé croyoit que Mopse étoit le frere.
Mais je me suis chargé de la chercher par tout,
Vous sçaurez tout cela tantost de bout en bout.

MYRTIL.
Ah Dieux, quelle rigueur ! hé Nicandre, Nicandre.

ACANTE.
Suivons aussi ses pas, afin de tout apprendre.

Fin du second Acte.

Cette Comedie n'a point esté achevée, il n'y avoit que ces deux Actes de faits lors que le Roy la demanda. Sa Majesté en ayant esté satisfaite pour la Feste où elle fut representée, le Sieur de Moliere ne l'a point finie.

PRIVILEGE DU ROY.

LOUIS, PAR LA GRACE DE DIEU, ROY DE FRANCE ET DE NAVARRE: A nos amez & feaux Conseillers, les Gens tenans nos Cours de Parlement, Maistres des Requestes ordinaires de nostre Hostel, grand Conseil, Baillifs, Seneschaux, Prevosts, leurs Lieutenans, & à tous autres nos Justiciers & Officiers qu'il appartiendra: SALUT. Nostre cher, & bien amé DENIS THIERRY, Marchand Libraire, Imprimeur, & ancien Consul des Marchands à Paris, Nous a fait remontrer, qu'il a traité avec la Veuve de feu Jean Baptiste Poclin de Moliere, d'un Manuscrit intitulé, *Recüeil des Oeuvres Posthumes de I. B. P. de Moliere*, contenant le *Dom Garcie de Navarre, ou le Prince jaloux*; *l'Impromptu de Versailles*; *Dom Juan, ou le Festin de Pierre*; *Melicerte*; *les Amans Magnifiques*; *la Comtesse d'Escarbagnas*; *& le Malade Imaginaire*, reveu, corrigé & augmenté: Lequel Recüeil il desireroit Imprimer, s'il avoit nos Lettres de permission sur ce necessaires; & pour cet effet il a esté conseillé d'avoir recours à nous, & de nous supplier tres-humblement de les luy vouloir accorder. A CES CAUSES, voulant favorablement traiter ledit Exposant, Nous luy avons permis & accordé, permettons & accordons par ces presentes, d'Imprimer, ou faire Imprimer, vendre & débiter en tous les lieux de nostre Royaume, Païs, Terres & Seigneuries de nostre obeïssance, *ledit Recüeil des Oeuvres Posthumes de I. B. P. de Moliere*, ensemble, ou separement, en telle marge & caractere, & autant de fois que bon luy semblera, durant le temps de six années consecutives, à compter du jour que chaque Piece sera achevée d'imprimer pour la premiere fois. Pendant lequel temps nous faisons tres-expresses inhibitions, & défenses à toutes personnes, de quelque qualité, ou condition qu'elles soient, Imprimeurs, Libraires & autres, d'imprimer, faire imprimer, vendre & distribuer ledit Livre, sous pretexte d'augmentation, correction, changement de titre, fausses marques, ou autrement, en quelque sorte & maniere que ce soit, ny mesme d'en faire des extraits, ou abregez. Et à tous Marchands étrangers d'en apporter, ny distribuer en ce Royaume, d'autres Impressions, que de celles qui auront esté faites du consentement de l'Exposant, à peine de trois mille livres d'amende, payable par chacun des contrevenans, & applicable un tiers à nous, un tiers à l'Hospital General de nostre bonne Ville de Paris, & l'autre tiers à l'Exposant, de confiscation des Exemplaires contrefaits, & de tous dépens, dommages & interests. A condition qu'il sera mis deux Exemplaires desdits Livres dans nostre Bibliotheque publique, un en celle du Cabinet de nos Livres en nostre Chasteau du Louvre, & un en celle de nostre tres-cher & feal le Sieur le Tellier, Chevalier Chancelier de France, avant que de les exposer en vente, à la charge aussi que l'Impression en sera faite dans le Royaume, & non ailleurs ; & que lesdits Livres seront imprimez sur de beau & bon papier, & de belle impression : Et ce suivant ce qui est porté par le Reglement fait pour la Librairie & Imprimerie, au mois de Juin 1618. enregistré en nostre Cour de Parlement de Paris le 9. Juillet ensuivant, à peine de nullité des presentes, lesquelles seront registrées dans le registre de la Communauté des

Imprimeurs & Libraires de nostre bonne Ville de Paris. Si vous mandons & enjoignons, que du contenu en icelles, vous fassiez joüir pleinement & paisiblement ledit Exposant, ou ceux qui auront droit de luy, sans souffrir qu'il leur soit fait, ou donné aucun empeschement. Voulons aussi qu'en mettant au commencement, ou à la fin desdits Livres une coppie des presentes, ou extrait d'icelles, elles soient tenuës pour bien & duëment signifiées, & que foy y soit ajoûtée; & aux copies collationnées par l'un de nos amez & feaux Conseillers & Secretaires, comme à l'original. Commandons au premier nostre Huissier, ou Sergent sur ce requis, de faire pour l'execution d'icelles tous exploits, saisies, & autres actes necessaires, sans demander autre permission, nonobstant toutes oppositions, ou appellations quelconques, Clameur de Haro, Chartre Normande, & autres Lettres à ce contraires. CAR tel est nôtre plaisir. Donné à Chaville le vingtiéme jour d'Aoust, l'an de grace mil six cens quatre-vingt-deux, & de nostre regne le quarantiéme. Par le Roy en son Conseil, LE PETIT.

Regiftré sur le Livre de la Communauté des Libraires & Imprimeurs de Paris, le vingt-sixiéme Aoust 1682. suivant l'Arrest du Parlement du 8. Avril 1653. & celuy du Conseil Privé du Roy, du vingt-septiéme Février 1665.

ANGOT, Syndic.

Ledit THIERRY a associé audit Privilege, Claude Barbin, & Pierre Trabouïllet.

Achevé d'imprimer pour la premiere fois, le dernier jour d'Octobre mil six cens quatre-vingt deux.

www.ingramcontent.com/pod-product-compliance
Lightning Source LLC
Chambersburg PA
CBHW070616170426
43200CB00010B/1806